Elevándote Más Alto

*Espiritualidad y Gracia en la Cura
de la Disfunción Generacional*

STEPHANIE MURPHY

WESTBOW
PRESS®
A DIVISION OF THOMAS NELSON
& ZONDERVAN

Puede hacer pedidos de libros de WestBow Press en librerías o poniéndose en contacto con:

WestBow Press
A Division of Thomas Nelson & Zondervan
1663 Liberty Drive
Bloomington, IN 47403
www.westbowpress.com
844-714-3454

ISBN: 978-1-6642-0546-8 (tapa blanda)
ISBN: 978-1-6642-0547-5 (tapa dura)
ISBN: 978-1-6642-0545-1 (libro electrónico)

Número de Control de la Biblioteca del Congreso: 2020917577

Información sobre impresión disponible en la última página.

Fecha de revisión de WestBow Press: 10/06/2020

Para _____

De _____

Dedicación

Le dedico este libro a todo aquel que creció en un ambiente disfuncional, se convirtió en un creyente cristiano, y aprendió que, a través de la gracia de Dios, las ataduras de la disfunción generacional pueden ser rotas.

Pero los que esperan a Jehová tendrán nuevas fuerzas; levantarán alas como las águilas; correrán, y no se cansarán; caminarán, y no se fatigarán.

—Isaías 40:31 (RVR)

Antes, en todas estas cosas somos más que vencedores por medio de aquel que nos amó. Por lo cual estoy seguro de que ni la muerte, ni la vida, ni ángeles, ni principados, ni potestades, ni lo presente, ni lo por venir, ni lo alto, ni lo profundo, ni ninguna otra cosa creada nos podrá separar del amor de Dios, que es en Cristo Jesús Señor nuestro.

—Romanos 8:37—39 (RVR)

Contenido

Introducción

¿Alguna vez has conocido a alguien que ha tenido que superar obstáculo tras obstáculo, solamente para estar en un lugar sano, lugar al que muchos otros pareciera que llegan de manera natural? A lo mejor tú eres esa persona que ha mejorado mucho desde que comenzó, pero no ha sido fácil. Yo soy esa persona, y he aconsejado a muchos individuos en mis treinta años como terapeuta profesional de matrimonio y familia, quienes también han atravesado este camino.

¡Somos vencedores, conquistadores! Con sangre, sudor y lágrimas, nos hemos elevado por encima de nuestras disfunciones generacionales. Bueno, espero que no con sangre, pero para algunos puede que ese sea el caso. Algunos de nosotros tenemos patrones disfuncionales rotos que traemos desde hace muchas generaciones en nuestra historia familiar. Otros, como yo, hemos recatado las partes sanas de nuestra herencia familiar, partes que no siempre estuvieron presentes en nuestros hogares de infancia por dificultades personales de nuestros padres, tales como depresión, epilepsia u otras discapacidades.

La psicoterapia profesional ha ayudado a muchas personas

a descifrar cosas, traer heridas a la superficie y aprender a exonerar padres que estuvieron lejos de ser perfectos. El campo de la terapia familiar tenía una atracción natural para mí como profesión. Al estudiar las dinámicas familiares y relacionales, empecé a ver partes que faltaban en mi crianza, huecos que me dejaron en desventaja mientras trataba de maniobrar mis primeros años de adultez, mi matrimonio y criando a mi propia familia.

Sin embargo, el fuerte deseo de elevarme por encima de estas disfunciones generacionales, de caminar un camino distinto, siempre ha sido parte de quien soy. Recuerdo que desde niña era responsable más allá de lo que se esperaba a mi edad, estudiando mucho y sacando buenas notas, limpiando la casa sin que alguien me dijera que lo tenía que hacer, y sintiendo disgusto por la pereza que veía alrededor mío. Yo luchaba por la excelencia en vez de de la mediocridad; espiritualidad en vez de infidelidad.

Muchas personas se permiten a sí mismas convertirse en las víctimas de sus disfunciones generacionales. Viven sus días repitiendo los errores de sus padres y abuelos, tomando el camino más familiar para ellas. Construyen defensas del ego impenetrables y multifacéticas que les permiten continuar con su disfunción. Estas defensas les impiden asumir la responsabilidad de sus comportamientos, ¡ya que siempre es culpa de otra persona!

He descubierto que mi relación personal con Cristo es una parte integral de mi viaje de fe a través de la disfunción generacional. Mi Padre celestial ha sido fiel al volver a criarme en las áreas donde mis padres se quedaron cortos. El Espíritu Santo me guía, día a día, mientras continúo elevándome por encima de patrones autodestructivos, dudas en cuanto a mí misma e inseguridades. Espero que tú también encuentres que nuestro Padre celestial es un buen padre mientras confías en su amor y gracia. Que su Palabra provea la luz que necesitas para iluminar tu camino mientras encuentras la cura y superas tus disfunciones generacionales.

Mas la misericordia de Jehová es desde la eternidad y hasta la eternidad sobre los que le temen, Y su justicia sobre los hijos de los hijos;

—Salmos 103:17 (RVR)

1

Disfunción Generacional

Como terapeuta profesional, siempre me he preguntado cómo reconciliamos la disfunción generacional con vivir la vida cristiana. Tal vez he pensado en cuanto a esto más que otras personas porque he pasado tantos años aconsejando a cristianos que fueron inmersos en mentalidades disfuncionales y comportamientos que estaban saboteando sus vidas. Y sí, en medio de todo eso, estaba arreglando mis propios asuntos generacionales.

Por supuesto, hay una conexión entre la disfunción generacional y nuestra naturaleza pecaminosa. La batalla ocurre dentro de nosotros. Pablo dice en Romanos 7:21–23 (RVR), "Así que, queriendo yo hacer el bien, hallo esta ley: que el mal está en mí. Porque según el hombre interior, me deleito en la ley de Dios; pero veo otra ley en mis miembros, que se rebela contra la ley de mi mente, y que me lleva cautivo a la ley del pecado que está en mis miembros."

Estos versículos presentan un dilema para los creyentes, ¿no es cierto? Muchas de las personas que aconsejé querían ser amables, pero sus matrimonios estaban siendo destruidos por problemas de enojo, patrones del comportamiento de miedo irracional y preocupación que tenían un efecto paralizante en sus vidas. A pesar de que habían leído las enseñanzas bíblicas acerca de la paz y la confianza, ellos tenían los mismos patrones de pensamientos que eran familiares para ellos. Algunos decían, "Somos una familia que nos preocupamos mucho," sin entender completamente el impacto de esa declaración.

Y luego está la antigua disfunción generacional de la baja autoestima. Las películas de cosas que pasaron en la infancia que se reproducen en sus cabezas eran más fuertes que lo que la Palabra de Dios tenía que decir sobre quiénes son en Cristo. Estos mensajes se vuelven más fuertes y creíbles a medida que los padres que luchan con su propia imagen se los transmiten a sus hijos.

Entonces, ¿qué hacemos? ¿Realmente somos "miserables," a como lo dice Pablo en Romanos 7:24 (RVR), o hay ayuda? El versículo 25 dice "Gracias doy a Dios, por Jesucristo Señor nuestro." Pablo luego explica que no estamos en el reino de la carne, sino en el reino del Espíritu si el Espíritu de Dios vive en nosotros. Si caminamos en el Espíritu, ya no seremos esclavos de los deseos de la carne. ¡Libertad! ¡La libertad de la disfunción generacional viene a través de Jesucristo!

Somos exhortados en Filipenses 2:5 (RVR), donde dice "Haya, pues, en vosotros este sentir que hubo también en Cristo Jesús." Como creyente, Dios te ha adoptado en su familia. Así que, ¿por qué no dejar ir las disfunciones que has heredado de tu familia terrenal y de esa forma convertirte más y más como tu Padre celestial?

En mi propia familia, crecí con una madre que sufría de una severa epilepsia y depresión. A pesar de que ella creció en una familia estable y ejemplar, su vida estaba llena de disfunción por su discapacidad. Esto afectó con quien se casó y lo que tenía para ofrecer como madre. Cuando yo era niña, tuve un contraste único de dos escenarios muy diferentes. Pasaba todos los fines de semana en la casa de mis abuelos maternos, recibiendo su amor y adoración. Durante la semana, volvía a prácticamente criarme a mí misma en una familia de hermanastros. A pesar de que las necesidades básicas de comida, ropa y una casa fueron satisfechas, había un vacío emocional y espiritual.

Mi madre era amable y gentil, pero ella estaba emocionalmente lejos por sus discapacidades. Yo la veía como víctima de sus circunstancias y recuerdo, desde muy temprana edad, sentir lástima por ella. Tratando de aliviar su carga, yo me convertí en madre, viniendo a casa de la escuela a limpiar la casa y lavar la ropa. Esta situación no era del todo mala. He decidido desechar lo negativo y quedarme con las cosas positivas que aprendí en mi infancia.

Mis experiencias tempranas me han hecho muy responsable y empática hacía otros, características que me han servido de mucho en mi carrera profesional. Y estoy agradecida por la dicha de tener abuelos que estuvieron dispuestos a llenar algunos de los huecos. Mis experiencias positivas con mis abuelos me han permitido tener relaciones cercanas con mis nietos. En más de una ocasión, cuando mis hijos ya adultos me han visto interactuar con uno de mis nietos, me han dicho, "Es hermoso verlos a ustedes dos."

¿Lo ves? Si escogemos aprender de la disfunción de

nuestros padres, en vez de permitir que defina quienes somos, podemos elevarnos por encima con la gracia de Dios y hacer algo bueno con ello. En otras palabras, podemos verlo como algo que tiene un propósito.

Reflexiones

1. Identifica tres áreas de disfunción generacional en tu familia.

_____

_____

_____

_____

2. ¿Cuál área parece tener el mayor dominio en tu vida?

_____

_____

_____

_____

3. ¿Cómo te ha afectado esta disfunción generacional personalmente?

_____

_____

_____

_____

4. ¿Cómo ha afectado tus relaciones?

_____

_____

_____

_____

Stephanie Murphy

Escribe Tus Pensamientos y Sentimientos

2

Nuestra Disfunción Por Su Gracia

¡Nuestra disfunción por su gracia! ¿No es esta la manera en que la mayoría de nosotros venimos a Dios? Allí estamos, de pie frente a Él, con el olor fuerte a fracaso humano y disfunción. ¿Y cómo nos trata Él cuando nos encuentra? ¿Con desprecio o enojo? ¡No! Por Cristo, Él extiende su gracia.

¿Puedes imaginarte la escena en tu mente? Un Dios santo y justo acerca su mano de gracia hacia nosotros, mientras estamos de pie frente a Él, desaliñados, descuidados, con todas nuestras disfunciones generacionales a cuestas. Somos salvos por gracia cuando venimos a los pies de Jesús y le pedimos que sea nuestro Salvador.

Él sabe que no podemos arreglarnos a nosotros mismos, al menos no en nuestra propia fuerza, por lo que nos ofrece gracia. Su gracia es suficiente para nosotros porque su fuerza se perfecciona en nuestras debilidades.

¿Quiere que continuemos en nuestro estilo de vida disfuncional? ¡Por supuesto no! Como creyentes, somos amonestados en la Palabra de Dios para ser más y más como Cristo. Es un proceso de toda la vida crecer en Cristo. ¡Estoy agradecida por la paciencia de Dios con nosotros, por su amor y compasión por nosotros, y por su gracia!

Hebreos 4:15–16 (RVR) nos dice, "Porque no tenemos un sumo sacerdote que no pueda compadecerse de nuestras debilidades, sino uno que fue tentado en todo según nuestra semejanza, pero sin pecado. Acerquémonos, pues, confiadamente al trono de la gracia, para alcanzar misericordia y hallar gracia para el oportuno socorro." ¿Lo ves? Jesús hace el intercambio con nosotros. Él tomó nuestros pecados sobre sí mismo y nos dio su perdón y gracia a cambio. ¿Quién daría su vida por otros? ¿Quién dejaría su esplendor del cielo para venir aquí y salvarnos? ¡Jesús lo hizo!

Estoy agradecida por el regalo de Dios de la vida eterna, como dice Juan 3:16 (RVR), "Porque de tal manera amó Dios al mundo, que ha dado a su Hijo unigénito, para que todo aquel que en él cree, no se pierda, mas tenga vida eterna." Su gracia ha hecho toda la diferencia en mi vida. Se ha dicho que la vida cristiana se compone de muchos nuevos comienzos. Podemos tropezar y caer, sin embargo, es en esos momentos cuando Él está allí para levantarnos para que experimentemos el mayor crecimiento espiritual.

Reflexiones

1. Describe cuando viniste a Cristo por primera vez.

_____

_____

_____

_____

2. ¿Cómo intentaste arreglar tu vida antes de venir a Cristo?

_____

_____

_____

_____

3. Describe un momento en el que tropezaste y caíste después de tu salvación.

_____

_____

_____

_____

4. ¿Cómo ves la gracia de Dios para ti?

_____

_____

_____

_____

Escribe Tus Pensamientos y Sentimientos

Así que, si el Hijo os libertare, seréis verdaderamente libres.
—Juan 8:36 (RVR)

3

Mis Cadenas Se Fueron; He Sido Liberado

Así que, has venido a Jesús, has pedido perdón por tus pecados y le aceptaste como tu Salvador. Aquí estás, de pie frente a Él, con toda tu disfunción generacional a cuestas. Pero ahora Dios te ve a través de la justicia de Cristo, limpio en vez de manchado por el pecado, vestido, por así decirlo, con una túnica blanca en vez de trapos sucios.

Al mirar a tu alrededor, puedes ver que las cadenas que te habían atado a tu pecado y las disfunciones generacionales han desaparecido. ¡Has sido liberado! Por fe, puedes alejarte y dejar atrás los escombros de tu vida pasada. Puedes caminar en la novedad de la vida.

Y muchos hacen justamente eso, sin mirar atrás. Otros se alejan, pero antes de llegar demasiado lejos, miran hacia atrás sobre sus hombros. Algunos nunca dejan su equipaje atrás. En cambio, lo recogen y lo llevan consigo mientras intentan vivir la vida cristiana. Puedes estarte preguntando, ¿por qué harían eso? No tienen que hacerlo.

Tal vez tú eres el que mira hacia atrás por encima del hombro, o el que trabaja para llevar esas disfunciones y cadenas *imaginarias* contigo. Si es así, ¿puedes visualizar cuán diferente es para el creyente que se aleja de la esclavitud pasada y comienza a caminar con libertad en Cristo?

Vamos a contrastar los tres ejemplos. Me imagino a aquellos que caminan libres del peso del pecado y la disfunción con un salto en sus pasos y una sonrisa en su rostro mientras abrazan con entusiasmo una nueva vida, con confianza y anticipación. Aquellos que miran por encima del hombro son tentativos, inseguros de su decisión y, a veces, anhelan la familiaridad de su antigua vida.

Los cristianos que se aferran al pasado son los más miserables. Se mueven lentamente y se inclinan por el peso que llevan. Su pasado es tan parte de quiénes son que eclipsa su identidad en Cristo. La vida sigue siendo una lucha para ellos, desafortunadamente, a veces, una lucha que ellos mismos crearon. Han olvidado que son libres.

Espero que todos nosotros, como creyentes, recordemos quiénes somos en Cristo. Y a pesar de que a veces pensemos que sentimos su tirón, que podamos hacer nuestras disfunciones generacionales impotentes en la luz de la Palabra de Dios. Salmos 107:14 (RVR) nos dice, "Los sacó de las tinieblas y de la sombra de muerte, y rompió sus prisiones." Juan 8:36 (RVR) dice, "Así que, si el Hijo os libertare, seréis verdaderamente libres."

Muchos se aferran a su pasado después de convertirse en cristianos. Luchan la mayor parte de sus vidas bajo el peso de las adicciones, la ira o los problemas en las relaciones. Pero no tienen que hacerlo. Ya ves, te encuentras con una bifurcación en el camino cuando te encuentras con Cristo. No puedes atravesar los dos caminos porque la distancia entre ellos es demasiado amplia. En algún momento, tienes que elegir tu camino, o tu camino te elegirá a ti. ¡Espero que tengas el coraje de tomar el camino que conduce a la integridad y la libertad de la disfunción generacional, el camino que conduce a la paz!

Reflexiones

1. ¿Qué cadenas imaginarias te detienen en la vida?

_____

_____

_____

_____

2. ¿Cuál de los tres ejemplos te describe mejor? ¿Por qué?

_____

_____

_____

_____

3. ¿Cuándo es más probable que sientas le presión de la disfunción generacional?

_____

_____

_____

_____

4. ¿Has elegido tu camino o tu camino te ha elegido a ti? ¿De qué manera?

_____

_____

_____

_____

Escribe Tus Pensamientos y Sentimientos

_____

_____

_____

_____

_____

_____

_____

_____

_____

_____

_____

_____

_____

_____

_____

_____

_____

_____

_____

_____

_____

_____

_____

_____

4

Dios No Se Olvidó De Ti

Mi esposo y yo recientemente fuimos a ver la película sobre la vida de Steve McQueen, como lo documenta Greg Laurie. Me fui conmovida por lo que vi: un amoroso Padre celestial extendiendo su mano hacia un hombre que creció sin amor. Steve había vivido de acuerdo a las disfunciones generacionales no resueltas de su familia durante la mayor parte de su vida, hasta que Dios le permitió conocer a un hombre cristiano mayor. Este instructor de vuelo lo tomó bajo su ala y le mostró el amor de Dios.

La película procedió a contar cómo Steve había comenzado a ir a la iglesia con su amigo. Durante uno de los servicios, aceptó a Cristo como su Salvador personal y luego tuvo una conversación privada con el pastor para solidificar su decisión. Después de enfermarse de manera terminal, Steve habló sobre su arrepentimiento de no tener más tiempo para contarle a la gente lo que Jesús había hecho por él. Pensé que era tan bueno que Greg Laurie ahora estaba contando su historia por él.

¿Lo ves? Dios no se olvidó de Steve McQueen, y no se olvidó de ti. Él mira a través de nuestra máscara, nuestras defensas, y ve el corazón blando de un niño herido. Dios ve el dolor y el anhelo de amor. Y sí, ve la disfunción y el pecado, pero nos encuentra donde estamos con su gracia.

La película hablaba de que Billy Graham se encontró con Steve en el avión que lo llevaba a México para recibir tratamiento médico. Vino, habló y oró con Steve. Cuando Billy Graham se iba, las últimas palabras de Steve fueron: "Te veré en el cielo". ¡Y lo hará porque Dios no se olvidó de Steve McQueen!

Si estás viviendo tu vida como una reacción a los problemas generacionales de tu familia, tal vez ira o dolor intenso, te animo a que encuentres paz y amor en los brazos de tu Padre celestial. No tienes que vivir tu vida sintiéndote no amado o descuidado. Dios ofrece ser un padre para los huérfanos como el Salmo 68: 5 (RVR) nos dice: "Padre de huérfanos y defensor de viudas es Dios en su santa morada."

Si tus padres no pudieron darte el amor que necesitabas cuando eras niño, es posible que hayas cerrado tu corazón inadvertidamente para protegerte de más daños. Al hacerlo, también has elegido un camino de soledad y falta de intimidad. Quiero alentarte a abrir tu corazón a Dios y permitirle que sane tus heridas. Solo entonces serás lo suficientemente sano como para arriesgarte a abrir tu corazón a los demás.

Reflexiones

1. ¿Hay alguien en tu vida que "te muestre cómo es el amor de Dios"? ¿Quién?

_____

_____

_____

_____

2. ¿Alguna vez has sentido que Dios se ha olvidado de ti? Si es así, ¿de qué manera?

_____

_____

_____

_____

3. ¿Describe cómo ves a tu Padre celestial? ¿Tu perspectiva se ve afectada por la forma en que fuiste tratado por tu padre terrenal, abuelo u otra figura paterna?

_____

_____

_____

_____

4. ¿Qué puedes hacer hoy para abrir tu corazón a otros?

_____

_____

_____

_____

Stephanie Murphy

Escribe Tus Pensamientos y Sentimientos

Mirad cuál amor nos ha dado el Padre, para que seamos llamados hijos de Dios; por esto el mundo no nos conoce, porque no le conoció a él.

—1 Juan 3:1 (RVR)

5

Sabe Que Eres Su Hijo

Hasta que no lo sepas en tu corazón, no solo en tu cabeza, que a través de Cristo has sido adoptado en la familia de Dios, vas a tener dificultad para dejar ir tu pasado. Sí, siempre serás hijo de tus padres terrenales, y si ellos son cristianos y están viviendo una vida piadosa, su ejemplo te ayudará a darte cuenta de tu identidad en Cristo.

¿Qué si tus padres no son cristianos, o si tienes padres cristianos que aún luchan con sus problemas generacionales? En este caso, tendrás que ver profundamente en la Palabra de Dios para entender completamente cómo Dios te ha aceptado en su familia. Si no te sentiste amado por tus padres, sería difícil para ti comprender su amor para ti.

El ejemplo de otros creyentes comprometidos te ayudará también. Aprenderás a basar tu perspectiva acerca de la vida y acerca de ti mismo en la Palabra de Dios, no en los viejos mensajes que creciste escuchando. En otras palabras, dejas de creer las mentiras.

Tendrás que adaptarte a ser adoptado en la familia de

Dios y aprender a abrazar todo lo que esto significa, en vez de continuar creyendo que tu herencia terrenal es lo más importante en tu vida. Desarrollar una nueva identidad en Cristo y entender que ser un hijo de Dios significa que eres valorado y amado por tu Padre celestial es una gran herencia.

Juan 1:12 (RVR) nos dice, "Mas a todos los que le recibieron, a los que creen en su nombre, les dio potestad de ser hechos hijos de Dios." Romanos 8:14—16 (RVR) dice, "Porque todos los que son guiados por el Espíritu de Dios, éstos son hijos de Dios. Pues no habéis recibido el espíritu de esclavitud para estar otra vez en temor, sino que habéis recibido el espíritu de adopción, por el cual clamamos: ¡Abba, Padre! El Espíritu mismo da testimonio a nuestro espíritu, de que somos hijos de Dios."

Espero que puedas encontrar tu verdadera identidad como hijo de Dios y descubrir el amor, el gozo y la paz que están ahora en tu herencia.

Reflexiones

1. ¿De qué manera te sientes amado por tu familia? ¿De qué manera no te sientes amado?

_____

_____

_____

_____

2. ¿Cuál es el problema generacional más crítico que tus padres no han resuelto?

_____

_____

_____

_____

3. ¿De qué manera tu identidad en Cristo es diferente del sentido de identidad que desarrollaste en tu familia de origen?

_____

_____

_____

_____

4. ¿Qué crees que enseña la Biblia acerca de ser parte de la familia de Dios?

_____

_____

_____

_____

Escribe Tus Pensamientos y Sentimientos

_____

_____

_____

_____

_____

_____

_____

_____

_____

_____

_____

_____

_____

_____

_____

_____

_____

_____

_____

_____

_____

_____

_____

_____

_____

_____

_____

_____

6

Por El Espíritu

La Palabra de Dios nos dice que es por el Espíritu que nos elevamos por encima del pecado y nuestros viejos comportamientos y patrones de pensamiento. Nuestra mentalidad cambia de centrarnos en lo que queremos a lo que el Espíritu desea. Esta transformación conduce a la vida y la paz. Romanos 8: 5—6 (RVR) dice: "Porque los que son de la carne piensan en las cosas de la carne; pero los que son del Espíritu, en las cosas del Espíritu. Porque el ocuparse de la carne es muerte, pero el ocuparse del Espíritu es vida y paz."

Es fácil caminar en la carne, cualquiera puede hacerlo. Es un camino autocomplaciente, lleno de ambición egoísta y auto absorción. A menudo nos mueve rápidamente, mientras perseguimos varias cosas que creemos que nos harán felices: riqueza, buena apariencia, reconocimiento, por nombrar algunas. A medida que nos apresuramos en nuestro camino, a menudo nos perdemos de los pequeños placeres de la vida: una magnífica puesta de sol, una conversación con propósito con un amigo o el tiempo jugando en el piso con nuestro hijo o nieto.

Si no tenemos cuidado, podemos perder de vista el corazón de otra persona, ver sus heridas y dolor, perdiendo la oportunidad de mostrar empatía. Aunque nuestro camino elegido parece hacernos felices, es solo por una temporada. Los esfuerzos egoístas no nutren nuestro crecimiento espiritual y emocional. En cambio, el egoísmo estanca nuestro crecimiento.

En contraste, cuando somos guiados por el Espíritu Santo, llenos del Espíritu y caminamos en el Espíritu, nuestras vidas son diferentes. No estamos tratando de vivir con nuestras propias fuerzas, ni dependemos únicamente de nuestro conocimiento o recursos. En cambio, día a día, estamos aprendiendo a confiar en el poder, la sabiduría y el consuelo del Espíritu Santo. Dios sabía lo que necesitábamos para vivir vidas cristianas victoriosas en este mundo, e hizo provisión para nosotros dándonos su Espíritu Santo para morar en nosotros. ¡Este regalo es un misterio para aquellos que no han abierto sus ojos espirituales, pero es una hermosa verdad para aquellos que siguen a Cristo!

Reflexiones

1. ¿Cuál es tu comprensión de lo que significa "vivir de acuerdo con el Espíritu"?

_____

_____

_____

_____

2. ¿Qué tan difícil es para ti concentrarte en lo que el Espíritu quiere en lugar de lo que la carne quiere?

_____

_____

_____

_____

3. Da un ejemplo de una manera en que puedes confiar en el poder, la sabiduría y el consuelo del Espíritu Santo en lugar de depender únicamente de tus propios recursos.

_____

_____

_____

_____

4. ¿De qué manera una mentalidad espiritual te ha ayudado a superar la disfunción generacional en tu vida?

_____

_____

_____

Escribe Tus Pensamientos y Sentimientos

7

Extranjeros

Cuando aceptamos el sacrificio de Cristo por nuestros pecados, somos redimidos, redimidos de la antigua forma de vida que heredamos de nuestras familias terrenales. 1 Pedro 1: 17—19 (RVR) nos amonesta: "Y si invocáis por Padre a aquel que sin acepción de personas juzga según la obra de cada uno, conducíos en temor todo el tiempo de vuestra peregrinación; sabiendo que fuisteis rescatados de vuestra vana manera de vivir, la cual recibisteis de vuestros padres, no con cosas corruptibles, como oro o plata, sino con la sangre preciosa de Cristo, como de un cordero sin mancha y sin contaminación". Sí, debemos vivir como extranjeros. Lo que nos era familiar ahora se vuelve extraño: la respuesta con enojo, el miedo, el egoísmo o la inmoralidad.

1 Pedro 1: 14-16 (RVR) habla de una nueva forma de vida: "como hijos obedientes, no os conforméis a los deseos que antes teníais estando en vuestra ignorancia; sino, como aquel que os llamó es santo, sed también vosotros santos en toda vuestra manera de vivir; porque escrito está: Sed santos,

porque yo soy santo". ¡Wow! ¡Un alto estándar para nosotros! Algo muy extraño para nosotros y, sin embargo, Pedro lo dice claramente. Eso no parece decir que debamos seguir viviendo nuestra disfunción generacional. Aun así, algunos luchan por dejar de lado las mentalidades y comportamientos familiares. Han olvidado que sus vidas son redimidas, que nacen de nuevo. "Siendo renacidos, no de simiente corruptible, sino de incorruptible, por la palabra de Dios que vive y permanece para siempre". 1 Pedro 1:23 (RVR).

Aprender a vivir como extranjero en esta tierra es una parte esencial para liberarte de las fortalezas que están saboteando tu vida. Experimentarás la gracia y el amor de Dios cuando Él te capacite para vivir como su hijo. Que Dios te bendiga a medida que te parezcas más a Cristo y te des cuenta de que tu vida en esta tierra es preparación para la eternidad en el Cielo.

Reflexiones

1. ¿A qué patrones generacionales te has aferrado simplemente porque te son *familiares*?

_____

_____

_____

_____

2. ¿Qué es lo más desafiante que has cambiado en tu vida desde que te convertiste en seguidor de Cristo?

_____

_____

_____

_____

3. Enumera tres patrones saludables que te transmitieron tus padres o abuelos.

_____

_____

_____

_____

4. ¿De qué manera ves tu vida en la tierra como una preparación para la eternidad?

_____

_____

_____

_____

Escribe Tus Pensamientos y Sentimientos

_____

_____

_____

_____

_____

_____

_____

_____

_____

_____

_____

_____

_____

_____

_____

_____

_____

_____

_____

_____

_____

_____

_____

_____

_____

_____

_____

_____

_____

Bienaventurado el hombre que halla la sabiduría, Y que obtiene la inteligencia; porque su ganancia es mejor que la ganancia de la plata, Y sus frutos más que el oro fino.

—Proverbios 3:13 – 14 (RVR)

8

Sabiduría En Vez de Disfunción

Cuando las personas vuelcan repetidamente su negatividad sobre otros, han aprendido un mecanismo de supervivencia muy disfuncional. ¿Alguna vez te has dado cuenta de que después, la persona parece sentirse mejor, mientras que la que recibió la negatividad se queda limpiando el desastre? ¡No es justo!

Digamos que tienen cierto estrés legítimo en sus vidas, como todos nosotros. Sin embargo, para cuando somos adultos, la mayoría de nosotros hemos desarrollado mecanismos de supervivencia saludables que nos permiten procesar el estrés de manera que no sea perjudicial para nosotros ni para los demás. En su mayor parte, vivimos vidas saludables y funcionales. Procesamos nuestros sentimientos, pensamos pensamientos racionales, resolvemos problemas y avanzamos a través de los altibajos de la vida. Entendemos que una vez que aceptamos las dificultades de la vida, podemos trascender o superar esas dificultades.

Hemos aprendido a asumir la responsabilidad de nuestras

propias vidas y acciones. Este nivel de madurez nos libera del patrón disfuncional de culpar a otros por nuestras dificultades o infelicidad. No victimizamos a las personas con nuestra ira o frustración. En cambio, nos hacemos responsables. En otras palabras, nos decimos: "Este es mi problema. Yo soy el que tiene dificultades aquí. Por lo tanto, es mi responsabilidad encontrar una solución o aceptar lo que no puedo cambiar. Descargar mis sentimientos negativos sobre otra persona no es una opción. Puedo expresarme respetuosamente y pedir un cambio, pero no exijo, intimido o manipulo."

La mayoría de nosotros aprendemos a ser felices con el éxito de los demás. Los construimos y no necesitamos derribarlos o nivelar el campo de juego. Somos conscientes de nuestras fortalezas y debilidades y aceptamos nuestro valor. No es necesario vernos mejor que otros para sentirnos bien con nosotros mismos. En cambio, podemos animarlos, felicitarlos y ver su potencial. No separamos a los demás ni hablamos de ellos como una forma de hacernos ver o sentir superiores.

Proverbios 4: 7 (RVR) nos dice: "Sabiduría ante todo; adquiere sabiduría; y sobre todas tus posesiones adquiere inteligencia." Si has aprendido mecanismos de supervivencia disfuncionales que están causando estragos en tus relaciones, quiero alentarte a elegir el camino que conduce a la sabiduría.

Reflexiones

1. ¿De qué manera estás permitiendo que las personas negativas afecten tu vida?

_____

_____

_____

_____

2. ¿Qué mecanismos de supervivencia saludables has desarrollado en esta etapa de tu vida? ¿Cuáles no han sido saludables?

_____

_____

_____

_____

3. ¿Alguno de sus comportamientos negativos afecta a otros?

_____

_____

_____

_____

4. ¿Qué pasos puedes dar hoy para asumir una mayor responsabilidad por tu vida, tu comportamiento y tus relaciones?

_____

_____

_____

Escribe Tus Pensamientos y Sentimientos

9

Amabilidad En Vez de Crítica

Algunas personas crecen rodeados de crítica y juicio, hasta el punto de que se convierte en una segunda naturaleza para ellos. No lo piensan dos veces antes de destrozar el carácter de otra persona. ¡Disfuncional! Sí, es muy disfuncional para los cristianos usar sus palabras de esta manera.

Todos parecen tener una opinión en estos días, y piensan que es su propósito en la vida dado por Dios publicar esa opinión. Pero terminamos sonando tontos y hacemos un mal servicio a la obra de Dios cuando usamos nuestra perspectiva como una excusa para la crueldad y el asesinato del carácter de alguien. Ninguno de nosotros tiene suficiente información para juzgar a otra persona. Solo Dios la tiene.

Lo que importa es lo que Dios dice sobre la forma en que nos tratamos unos a otros. Echemos un vistazo a algunas escrituras que hablan de este problema:

"Antes sed benignos unos con otros, misericordiosos, perdonándoos unos a otros, como Dios también os perdonó a vosotros en Cristo." Efesios 4:32 (RVR)

"Y andad en amor, como también Cristo nos amó, y se entregó a sí mismo por nosotros, ofrenda y sacrificio a Dios en olor fragante." Efesios 5: 2 (RVR)

¿Tú quién eres, que juzgas al criado ajeno? Para su propio señor está en pie, o cae; pero estará firme, porque poderoso es el Señor para hacerle estar firme." Romanos 14: 4 (RVR)

"Pero tú, ¿por qué juzgas a tu hermano? O tú también, ¿por qué menosprecias a tu hermano? Porque todos compareceremos ante el tribunal de Cristo." Romanos 14:10 (RVR)

"No juzguéis, para que no seáis juzgados. Porque con el juicio con que juzgáis, seréis juzgados, y con la medida con que medís, os será medido. ¿Y por qué miras la paja que está en el ojo de tu hermano, y no echas de ver la viga que está en tu propio ojo?" Mateo 7: 1—3 (RVR)

"Por tanto, recibíos los unos a los otros, como también Cristo nos recibió, para gloria de Dios." Romanos 15: 7 (RVR

Que cada uno de nosotros elija la amabilidad en lugar de la crítica.

Reflexiones

1. ¿Qué modelos a seguir tienes para la amabilidad?

_____

_____

_____

_____

2. ¿Hay algo que te gustaría cambiar sobre la forma en que tratas a otras personas?

_____

_____

_____

_____

3. ¿Cómo describirías el ejemplo de Cristo cuando se trata de amabilidad?

_____

_____

_____

_____

4. ¿Eres capaz de empatizar con alguien que está siendo tratado cruelmente? ¿De qué manera?

_____

_____

_____

_____

Escribe Tus Pensamientos y Sentimientos

Como ciudad derribada y sin muro es el hombre cuyo espíritu no tiene rienda.

—Proverbios 25:28 (RVR)

10

Estabilidad En Vez de Reactividad

Reactividad emocional es uno de los indicadores más prevalentes en la disfunción emocional. Con esto, me refiero a que la persona reacciona a una situación en vez de escoger sus acciones o palabras. En terapia familiar, a esto le llamamos ser indiferenciado de la familia de origen. Por ejemplo, puede que hayas visto la caricatura del adulto que viene a visitar la casa de sus padres. El adulto se hace más y más pequeño mientras se acerca más a la puerta de la casa de sus padres, y luego se convierte en un niño cuando uno de sus padres lo saluda en la puerta.

Muchas personas nunca aprenden cómo establecer un sentido sano alrededor de sus padres. Esta falta de diferenciación usualmente resulta de padres que no fueron bien diferenciados con sus propias familias de origen. Por lo tanto, ellos les pasan a sus hijos esta manera de interactuar. Los límites se cruzan una y otra vez mientras el hijo crece, y nunca aprende a pensar por sí mismo porque está tratando de agradar sus padres o pasando su vida reaccionando en ira o resentimiento hacia sus padres. Esta reactividad se propaga a todas las áreas de su vida, su trabajo, matrimonio, con sus hijos y amistades.

Se requiere un esfuerzo concentrado, generalmente con la ayuda de un terapeuta profesional, para romper este patrón. Entreno a mis pacientes para que tengan visitas cortas en las que puedan comenzar a relacionarse con sus padres, de adulto a adulto, sin dejarse atrapar por las viejas formas de interactuar. Y créanme, cuanto más trabaje una persona para diferenciarse, más será que el padre u otra persona trate de devolverlo a su patrón original. Es como una lavadora fuera de balance. Cuando la dinámica cambia, lo que naturalmente pasa es que la otra persona intenta recuperar lo que percibe como equilibrio, independientemente de lo poco saludable que sea. La tendencia para todos nosotros es gravitar hacia lo que es familiar. En terapia, lo llamamos homeostasis.

Romanos 12: 17-18 (RVR) nos dice: "No paguéis a nadie mal por mal; procurad lo bueno delante de todos los hombres. Si es posible, en cuanto dependa de vosotros, estad en paz con todos los hombres." En otras palabras, ¡no seas reactivo! En cambio, piensa en cómo respondes a las personas y las circunstancias. Solo así podrás tener estabilidad en tus relaciones y en tu vida. No te conducirás con cada viento que pasa, saltando de una relación a otra o de un trabajo a otro. En cambio, obtendrás los beneficios que se encuentran en la estabilidad: relaciones duraderas, conexiones profundas y el éxito que solo proviene de la perseverancia.

Reflexiones

1. En una escala del 1 al 10, ¿qué tan diferenciado(a) eres de tus padres?

_____

_____

_____

_____

2. ¿Sientes que tus padres respetan tus límites como hijo adulto? Si no, ¿de qué manera se violan esos límites?

_____

_____

_____

_____

3. ¿Cómo se respetaron (o cruzaron) los límites en el hogar de tu infancia?

_____

_____

_____

_____

4. ¿Cómo reaccionan o responden tus padres cuando estableces límites con ellos?

_____

_____

_____

_____

Escribe Tus Pensamientos y Sentimientos

_____

_____

_____

_____

_____

_____

_____

_____

_____

_____

_____

_____

_____

_____

_____

_____

_____

_____

_____

_____

_____

_____

_____

_____

11

Lealtad A Los Padres

La mayoría de nosotros pensamos en la lealtad a los padres como algo bueno, y lo es, dentro de lo razonable. También se puede distorsionar en un sentido poco saludable de obligación, culpa y necesidad de agradar. Cuando un hijo adulto da demasiado poder a las palabras de los padres, afecta todos los aspectos de la vida de esa persona: decisiones, elecciones de vida, relaciones, autoestima y límites.

Una joven madre de dos hijos y divorciada informa ansiedad aguda al ingresar a la terapia. Ella cita un ambiente de trabajo estresante como el desencadenante de sus mayores niveles de estrés. Sin embargo, tras una exploración más profunda, es evidente que el problema es mucho más profundo: es generacional. La dinámica de las relaciones laborales de esta joven se asemeja al tipo de dinámica de relación que tiene con su madre. Se siente emocionalmente explotada, controlada y devaluada. Su vida se siente caótica mientras lucha con la toma de decisiones y con establecer límites en las relaciones. Duda de sí misma a cada paso y se ha permitido depender financiera y emocionalmente de su madre. Como resultado, se siente obligada a complacer y seguir consejos de control no solicitados.

Está confundida sobre por qué es maltratada en el trabajo y en las relaciones con los hombres. Después de todo, "soy una buena persona". Desafortunadamente, este atributo positivo le está perjudicando debido a un sentido exagerado de lealtad a los padres. Siendo "demasiado amable" para ser directa con su madre, también ha sido "demasiado amable" para defenderse en el matrimonio o en el trabajo. Ha permitido que se aprovechen su amabilidad, y está comenzando a ver el costo que esto está teniendo en su salud, bienestar emocional y relaciones. Se ha vuelto más incómodo no cambiar que cambiar.

Como terapeuta, quiero ayudarla a aprender a establecer límites saludables y romper el patrón de relación disfuncional entre ella y su madre. Entonces, quiero que se sienta cómoda transfiriendo estos cambios a otras áreas de su vida. Esta transición puede parecer fácil, pero demostrará ser una de las cosas más desafiantes que haya tenido que hacer en su vida, debido a un sentido irracional de lealtad a los padres.

La clave es fomentar un sentido saludable de autonomía adulta mientras se mantiene respetuosa y amorosamente conectada con su madre. Para lograr esto, ella tiene que aprender a afirmarse como adulta por derecho propio. Tomará tiempo y muchos intentos de experimentar y cambiar los términos no escritos de cariño de la familia. El objetivo es construir una relación saludable entre padres e hijos adultos al mismo tiempo que se preserva la dignidad y la autonomía de ambos.

Que sigamos el mandato de Jesús de "honra a tu padre y a tu madre", Mateo 19:19 (RVR), al aprender a decir la verdad con amor mientras establecemos amablemente límites saludables en nuestras relaciones.

Reflexiones

1. ¿Cómo describirías una lealtad a los padres saludable?

_____

_____

_____

_____

2. ¿De qué maneras has experimentado un sentido poco saludable de lealtad a los padres?

_____

_____

_____

_____

3. ¿Qué límites necesitas establecer para romper una dinámica de relación disfuncional entre tú y tus padres?

_____

_____

_____

_____

4. ¿Qué pasos puedes tomar hoy para fortalecer tu sentido de autonomía adulta mientras te mantienes conectado con tu familia de manera saludable?

_____

_____

_____

_____

Escribe Tus Pensamientos y Sentimientos

Con toda humildad y mansedumbre, soportándoos con paciencia los unos a los otros en amor.

—Efesios 4:2 (RVR)

12

¿Está La Disfunción Generacional Saboteando Tu Matrimonio?

Si estás teniendo dificultades en tu relación matrimonial y deseas cambiar, un excelente lugar para comenzar es con tu historia familiar. Sé que esto suena como algo que tu médico te preguntaría, pero también se aplica a los estilos y patrones de relación. Cuando una pareja viene a verme para recibir consejería matrimonial, una de las primeras cosas que les pido que hagan es completar un genograma. Similar a un árbol genealógico, el genograma mira hacia atrás unas pocas generaciones. Cada uno completa la mayor cantidad de información posible sobre sus padres, abuelos y bisabuelos. En terapia, buscamos patrones: divorcio, alcoholismo, problemas de ira, adicciones, depresión / ansiedad, abuso, etc.

Las luces se encienden cuando las personas observan la dinámica de su familia diagramada en un genograma. Pueden ver los patrones generacionales e identificarse con los que se les transmitieron. En otras palabras, los que sus padres o abuelos no resolvieron en sus vidas. Ya ves, así es como funciona. Transmitimos los problemas que no superamos en nuestra vida a nuestros hijos. Pueden resolver el problema y detener el patrón generacional, o continuar transmitiéndolo a sus hijos. Así es como se perpetúa la disfunción generacional, a menudo ganando impulso y fortaleciéndose a medida que pasa de una generación a la siguiente. Esta dinámica puede ser algo bueno cuando involucra rasgos positivos, como la amabilidad o ayudar a otros, pero todo lo contrario en situaciones como el alcoholismo o el abuso.

Los problemas de ira son una razón común por la que las parejas buscan terapia de matrimonio. Un cónyuge generalmente tiene un problema de ira mientras que el otro tiene el patrón complementario de ser codependiente e inseguro. Se convierte en una de las tormentas perfectas en la terapia marital. Cada cónyuge trae sus propios problemas generacionales al matrimonio, y el papel de cada persona contribuye a las dificultades relacionales de la pareja. A menudo, la persona con el problema de la ira es separado e identificado como el paciente, mientras que al otro se le permite asumir el papel de víctima. El uso de un genograma les ayuda a ver el problema como un problema de relación, uno al que cada persona contribuye de manera única. Solo entonces se progresará en la terapia, ya que cada persona asume la responsabilidad de sus comportamientos y actitudes y comienza a trabajar para cambiar ellos mismos, en lugar de centrarse en cambiar al otro.

Tu relación matrimonial se volverá más saludable y satisfactoria a medida que comiences a cambiar los patrones que a menudo te resultan familiares. Experimentarás la libertad que proviene de elegir tus comportamientos, en lugar de reaccionar emocionalmente a las situaciones. Efesios 5:33 (RVR) nos da un ejemplo de cómo se ve un matrimonio saludable: "Por lo demás, cada uno de vosotros ame también a su mujer como a sí mismo; y la mujer respete a su marido." Recuerda a menudo que puedes elegir el modelo bíblico de matrimonio, incluso si no lo has visto modelado en tus padres.

Reflexiones

1. ¿Alguna vez has hecho un genograma? Si no, te animo a que dibujes un genograma simple en una hoja de papel aparte.

   _____

   _____

   _____

   _____

2. ¿Qué patrones generacionales descubriste cuando completaste un genograma familiar?

   _____

   _____

   _____

   _____

3. ¿Qué actitudes sobre el matrimonio te han transmitido tus padres o abuelos?

   _____

   _____

   _____

   _____

4. ¿Alguna de esas actitudes está saboteando tu matrimonio?

   _____

   _____

   _____

   _____

Stephanie Murphy

Escribe Tus Pensamientos y Sentimientos

_____

_____

_____

_____

_____

_____

_____

_____

_____

_____

_____

_____

_____

_____

_____

_____

_____

_____

_____

_____

_____

_____

_____

_____

_____

_____

13

Homeostasis

La homeostasis es el impulso para mantener las cosas igual. Es un término sistémico que se relaciona con la forma en que el cuerpo mantiene su equilibrio. Se ajusta a las temperaturas para mantener una temperatura corporal constante. Otros sistemas también tienden a la homeostasis: grupos, familias, sociedades. Nuestra naturaleza humana es resistir el cambio hasta que se vuelva más incómodo no cambiar de lo que es cambiar.

Cuando los clientes entran por mi puerta, sé que están allí por una de dos razones. Un cónyuge u otro miembro de la familia ha exigido que comiencen la terapia o se ha vuelto más incómodo no cambiar de lo que es cambiar. En el matrimonio, si un cónyuge no es asertivo y trata de no crear problemas, es raro que el otro cónyuge inicie la terapia. En la mayoría de los casos, el cónyuge habilitador busca tratamiento porque se ha vuelto sintomático: deprimido, ansioso o indeciso.

En estas situaciones, la solución se ha convertido en

parte del problema. Al tratar desesperadamente de mantener las cosas igual (posiblemente como en las primeras etapas del matrimonio o como la persona lo ha idealizado), la autoestima y la individualidad se ven comprometidas. El cónyuge insensible proviene de una posición de dependencia en lugar de la fuerza interior y la interdependencia.

Cuando las relaciones y los matrimonios se desequilibran debido al crecimiento personal o espiritual de una persona, habrá un impulso hacia la homeostasis. No importa si esa atracción es hacia la forma disfuncional familiar de relacionarse entre sí, todavía está allí. Es por eso por lo que, a menudo, cuando un cónyuge viene solo a terapia, las posibilidades de que esa pareja se divorcie son mayores. Como consejera matrimonial, es mi deber ético asesorar a un cliente sobre esta dinámica. No significa que la persona no deba buscar terapia. Es posible que se hayan vuelto tan sintomáticos como resultado del estrés relacional que es necesario buscar tratamiento.

Has escuchado el dicho: "Puede que empeore antes de mejorar". En las relaciones, debido a la atracción natural hacia la homeostasis, generalmente empeora antes de mejorar. Si un cónyuge deja de jugar el juego o cambia el ritmo de su baile disfuncional, el otro intentará volver a lo que le es familiar. Si uno deja de reaccionar al mal comportamiento del otro, la pareja puede perder su intensidad emocional y esforzarse aún más para provocar una reacción negativa. Esta dinámica es especialmente relevante cuando un cónyuge busca una respuesta negativa del otro para sentirse superior o justificado.

A medida que las parejas comienzan a aprender formas

más saludables de relacionarse entre sí, con el tiempo crearán una nueva normalidad. Cuando esto sucede, en lugar de ser una dinámica negativa, la homeostasis asume el nuevo papel de proteger y estabilizar comportamientos saludables y dinámicas de relaciones positivas. Como cristianos, la Palabra de Dios nos llama a ser estables en todos nuestros sentidos. "Así que, hermanos míos amados, estad firmes y constantes, creciendo en la obra del Señor siempre" 1 Corintios 15:58 (RVR).

Reflexiones

1. ¿Qué es homeostasis?

_____

_____

_____

_____

2. Describe un momento en que tu matrimonio o relación se sintió desequilibrada.

_____

_____

_____

_____

3. Describe la atracción de la homeostasis en tu familia de origen.

_____

_____

_____

_____

4. ¿Qué dinámica de relación saludable te gustaría que se convierta en tu "nueva normalidad"?

_____

_____

_____

_____

Escribe Tus Pensamientos y Sentimientos

_____

_____

_____

_____

_____

_____

_____

_____

_____

_____

_____

_____

_____

_____

_____

_____

_____

_____

_____

_____

_____

_____

_____

_____

_____

_____

14

Disparadores

¿Alguna vez has tenido a alguien que defienda su mal trato hacia ti bajo la premisa de que tu comportamiento o palabras lo desencadenaron? A esto lo llamamos una evasión. Si pueden culparte, ya no tienen que sentirse culpables o responsables por su comportamiento inapropiado. A menudo les digo a mis pacientes que esta es la razón por la cual, por ejemplo, a los 65 años o incluso 75 años, todavía están lidiando con patrones de comportamiento que deberían haberse superado o descartado desde hace mucho tiempo. Sus defensas actúan simplemente como eso, defensas, defendiendo su ego hasta el punto de que no son precisamente autorreflexivas.

La mayoría de nosotros hemos alcanzado un estado saludable de ser y podemos reflexionar sobre nosotros mismos. Es decir, podemos evaluar honestamente nuestro comportamiento y ver cuándo tenemos la culpa. Un sentimiento de culpa es saludable cuando nos lleva a cambiar esos comportamientos, pedir perdón y avanzar sin demoler nuestro sentido de valor. Aprendemos y crecemos de nuestros errores en lugar de racionalizarlos y luego repetir los mismos errores una y otra vez. De alguna manera, ya no es un error, sino una negación intencionada a aceptar la responsabilidad de nuestro comportamiento.

Nuestras relaciones pueden crecer en lugar de estancarse, deteriorarse o desintegrarse, solo cuando aceptamos la responsabilidad de nuestra parte en esas relaciones. Ninguna persona que se respete a sí misma tolerará ser azotada por otra persona indefinidamente. Pueden esperar por un tiempo, tratando de entender a la otra persona o incluso evaluar su propio comportamiento para ver si tienen la culpa. Con el tiempo, al darse cuenta de que no se trata de ellos, entran en modo de autoconservación. Si sus intentos de confrontar y pedir un cambio continúan encontrando resistencia, eventualmente darán un paso atrás o se retirarán de la relación.

Proverbios 22: 24—25 (RVR) nos amonesta: "No te entremetas con el iracundo, ni te acompañes con el hombre de enojos, no sea que aprendas sus maneras, y tomes lazo para tu alma." A veces, llegar a un lugar saludable en nuestras propias vidas requerirá que tomemos la difícil decisión de alejarnos del camino de una persona enojada que continúa apuntando a los disparadores como su excusa para un comportamiento hostil y abusivo.

Reflexiones

1. ¿Te has sentido como una víctima en una relación en la que alguien te culpó por desencadenar su ira? Si es así, ¿de qué manera?

_____

_____

_____

_____

2. ¿Tienes la costumbre de culpar a otros por tus comportamientos inapropiados? Si es así, ¿de qué manera?

_____

_____

_____

_____

3. ¿Qué pasos puedes dar para volverte más autorreflexivo?

_____

_____

_____

_____

4. ¿Hay alguna amistad actual en tu vida que necesites reevaluar a la luz de Proverbios 22:24-25?

_____

_____

_____

_____

Escribe Tus Pensamientos y Sentimientos

Hermanos, no seáis niños en el modo de pensar, sino sed niños en la malicia, pero maduros en el modo de pensar.

—1 Corintios 14:20 (RVR)

15

Elevándote Por Encima De La Inmadurez

¿Qué edad tienes: 10, 25 o quizás 65? No importa. Cualquiera sea tu edad, recuerda que los bebés no crecen de la noche a la mañana, y tú tampoco. 1 Pedro 2: 1-3 (RVR) dice: "Desechando, pues, toda malicia, todo engaño, hipocresía, envidias, y todas las detracciones, desead, como niños recién nacidos, la leche espiritual no adulterada, para que por ella crezcáis para salvación, si es que habéis gustado la benignidad del Señor." Este versículo nos exhorta a "desear la leche espiritual no adulterada." Te preguntarás qué significa esto. Así como los bebés no pueden comer carne, debemos comenzar con las partes fácilmente digeribles de la Palabra de Dios a medida que crecemos en Cristo. Tenemos que entender verdaderamente nuestra salvación antes de que podamos captar otros temas más profundos, como los eventos del tiempo del fin en el libro de Apocalipsis. Por ejemplo, los nuevos cristianos leen el libro de Juan y los evangelios para solidificar su fe.

No es fácil para una persona con disfunción generacional reflejar con precisión su edad biológica en términos de nivel de madurez. He aconsejado a muchas personas que eran exitosas en sus carreras o ministerios. Era evidente que eran seres humanos inteligentes que podían maniobrar a través de la vida, en cierto nivel, hasta que enfrentaban una situación emocionalmente estresante y desafiante o una relación íntima. Era ahí cuando las cosas comenzaban a desmoronarse.

Si estás bailando entre estabilidad e inestabilidad emocional, lo más probable es que estés lidiando con patrones de pensamiento y comportamiento que se remontan a varias generaciones en tu familia. La Palabra de Dios es rica en sabiduría y está llena de ejemplos para guiarnos a cambiar nuestras formas improductivas. Tenemos que saber cómo se ven los comportamientos saludables antes de que podamos abandonar los no saludables que nos son familiares. Si tus padres no lo modelaron para ti, debes comenzar en alguna parte, sin importar la edad que tengas. Te animo a comenzar a dar pasos en la dirección correcta, incluso si se sienten como pasos de bebé. Dios te encontrará justo donde estás mientras creces en gracia, conocimiento y madurez.

Reflexiones

1. ¿De qué manera estás satisfecho con tu nivel de madurez?

_____

_____

_____

_____

2. ¿En qué áreas de tu vida te gustaría experimentar crecimiento personal?

_____

_____

_____

_____

3. ¿Hay alguna discrepancia en el nivel de madurez en algunas áreas de su vida? Si es así, ¿dónde está la diferencia?

_____

_____

_____

_____

4. ¿Qué problemas generacionales han afectado tu madurez?

_____

_____

_____

_____

Escribe Tus Pensamientos y Sentimientos

16

Elevándote Por Encima del Daño

Quizás estés caminando herido. Es posible que otras personas ni siquiera lo noten, pero aún sientes la picadura. Puede haber sido el abuso o negligencia de un padre durante la infancia lo que te dejó con dolorosas cicatrices emocionales. O tal vez fue pobreza, sufrir bullying o presenciar ira y violencia incontroladas en tu hogar. Cualquiera sea el origen de tu herida, te ha pasado factura a lo largo de los años. Puede que te hayas convertido en el que hiere a los demás, a medida que reaccionas a tu propia agitación interna, o en la víctima que continúa rodeándose de personas que le usan, drenan y devalúan.

Si te encuentras en una situación así, quiero animarte a que no te subestimes. No creas las mentiras sobre tu valor y potencial. Quiero que te des cuenta de que el comportamiento de los demás hacia ti no se trata de ti, sino de ellos, a menudo derivados de su propia herida y disfunción generacional.

Una vez que rompas la negación y aceptes que has sido herido por otra persona, generalmente por alguien que se supone que te debe amar, aceptar y proteger, entonces puedes comenzar el proceso de curación. A medida que aprendas a exonerar a los padres u otros, podrás librarte de las pesadas cargas de amargura y falta de perdón que solo sirven para mantener tus heridas abiertas. Cuando comienzas a permitir que el amor sanador de Dios fluya sobre ti, tus heridas supurantes se limpian y tu corazón comienza a sanar.

El Salmo 147:3 (RVR) nos dice: "Él sana a los quebrantados de corazón, y venda sus heridas." Dios es fiel en hacer su parte. A medida que liberamos la amargura y la falta de perdón, dejamos espacio para que su amor sanador fluya hacia nuestros corazones heridos y nos haga sanos nuevamente.

Reflexiones

1. ¿Has sido herido? Si es así, ¿de qué manera? ¿Por quién?

   _____

   _____

   _____

   _____

2. ¿Estás albergando alguna amargura como resultado de ser herido?

   _____

   _____

   _____

   _____

3. ¿De qué maneras has lastimado a otros como reacción a tu propio dolor?

   _____

   _____

   _____

   _____

4. ¿Qué pasos puedes comenzar a tomar para exonerar a los que te han lastimado y comenzar a permitir que el amor sanador de Dios te cure?

   _____

   _____

   _____

   _____

Stephanie Murphy

Escribe Tus Pensamientos y Sentimientos

17

Recuperando Tu Equilibrio

¿Cómo recuperas el equilibrio después de estar inmerso inesperadamente en una situación con tu familia de origen, tal vez una boda, un funeral o una graduación? Independientemente de la ocasión, una vez más estás muy cerca de los miembros de la familia que desencadenan emociones, sentimientos que creías que estaban profundamente enterrados o sanados. Tal vez sea el funeral de tu padre, y estás abrumado de tristeza al darte cuenta de que tus problemas de relación quedarán sin resolverse.

Descubres que no eres exactamente igual cuando regresas a tu hogar a tu entorno y rutinas normales. De alguna manera, algo está mal. Tu cónyuge dice que estás de mal humor o distraído. La culpa parece haberse adherido a ti como pegamento. No puedes sacudirlo. Al darte cuenta de que algo anda mal, puedes intentar expresar tus sentimientos con un amigo o consejero de confianza.

Cuando este escenario se presenta en mi consultorio, primero trato de ayudar a mis clientes a establecer una conexión entre sus sentimientos actuales y los eventos recientes. Quiero que hagan esta conexión para poder recuperar su equilibrio. El contacto con la familia los puso cara a cara, nuevamente, con la disfunción de la que se habían alejado hace mucho tiempo. Pensando que se habían amortiguado lo suficiente, ahora están alarmados por lo expuestos y vulnerables que se sienten.

Una vez que establezcas la conexión, podrás trabajar para cambiar tu enfoque de regreso a tu propia vida, a tu propia familia, a tus fortalezas y bendiciones. La clave es no permanecer en un estado de desequilibrio. No tienes que hacerlo. Aunque los efectos en tu estado emocional son reales, ya no tienen que tener poder sobre ti. A medida que te das cuenta de lo lejos que has llegado, de lo fuerte que eres y de que puedes elegir un camino saludable, comienzas a sentir que tu poder personal regresa. ¡Eres un adulto, no una víctima! ¡Eres independiente, no dependiente! ¡Y eres amado y valioso!

Como cristianos, podemos aprovechar la fortaleza de nuestra identidad en Cristo, para vernos a nosotros mismos como Dios nos ve. Somos quienes Él dice que somos. No tenemos que creer las viejas películas de la infancia. Podemos sacar fuerzas del amor de un Padre celestial que nos ama y disfruta tanto que Él canta sobre nosotros; como Sofonías 3:17 (RVR) dice: "Jehová está en medio de ti, poderoso, él salvará; se gozará sobre ti con alegría, callará de amor, se regocijará sobre ti con cánticos."

Reflexiones

1. Habla acerca de un momento en el que sentiste que tenías que recuperar el equilibrio después de encontrarte en una situación que desencadenó un viejo problema de tu familia de origen.

_____

_____

_____

_____

2. ¿Cómo sabías que algo estaba "fuera de balance" o desequilibrado después?

_____

_____

_____

_____

3. ¿De qué manera estableciste la conexión entre tus sentimientos y los eventos?

_____

_____

_____

4. Después de hacer la conexión, ¿qué tan difícil fue para ti cambiar tu enfoque a las cosas positivas de tu vida?

_____

_____

_____

Escribe Tus Pensamientos y Sentimientos

Echando toda vuestra ansiedad sobre él, porque él tiene cuidado de vosotros.

—1 Pedro 5:7 (RVR)

18

Elevándote por Encima De La Culpa

He trabajado con personas que han llegado tan lejos y, sin embargo, a veces, parecen tener un sentimiento de culpa por cosas que no son su responsabilidad. Los miembros de la familia pueden tomar todo tipo de direcciones en la vida. Algunos pueden superar la disfunción en la que crecieron y trabajar duro para construir una vida hermosa para ellos y sus hijos. Otros caen en una espiral y terminan viviendo con aún más disfunción y drama que sus padres. Desafortunadamente, sus hijos sufren porque sus necesidades de orientación y educación adecuada siguen sin ser satisfechas.

Si tú eres la persona que ha "llegado lejos" y ahora estás cosechando los beneficios de una familia sana y estable, naturalmente deseas proteger a tus propios hijos de las influencias de otros que no toman decisiones acertadas. Esto puede incluir algunos de los miembros de tu familia. Si este es el caso, ¡no te sientas culpable!

No significa que debas ser malo o cruel, pero sí significa que debes establecer límites claros con ciertas personas. A medida que has crecido y madurado, probablemente hayas notado que con el tiempo comenzaste a sentirte cada vez menos cómodo con la disfunción familiar que te era familiar. Aunque nunca te gustó, era familiar.

Muchas veces, las familias se vuelven tan diferentes que los que están mirando desde afuera pueden preguntarse cómo alguna vez fuiste parte de esa situación, y pueden preguntar: "¿Estás seguro de que la cigüeña no te dejó en la puerta?" No estoy hablando de cortar lazos con tu familia, sino de vivir tu vida sin ser agobiado por una culpa infundada, culpa porque te está yendo bien cuando a otros no. Sé que es difícil ver a los niños crecer en entornos menos que ideales, y puede haber algunas formas que puedes comunicarte con ellos. Nuevamente, si se trata de exponer a tu familia a influencias indeseables, tu primera responsabilidad es con tus propios hijos. Isaías 54:13 (RVR) resalta la importancia de la influencia divina en la vida de nuestros hijos: "Y todos tus hijos serán enseñados por Jehová; y se multiplicará la paz de tus hijos." Que Dios te dé la fuerza y el coraje para soltar la culpa y establecer límites saludables con los demás.

Reflexiones

1. ¿Qué culpa irracional llevas con respecto a tu familia extendida?

_____

_____

_____

_____

2. Describe cómo tu vida es diferente de tu familia.

_____

_____

_____

_____

3. ¿Qué tan lejos has llegado a medida que superas la disfunción generacional en tu familia?

_____

_____

_____

_____

4. ¿Qué límites saludables has establecido alrededor de tu propio núcleo familiar?

_____

_____

_____

_____

Escribe Tus Pensamientos y Sentimientos

19

Cuidado Con Las Falsificaciones

No puedo enfatizar lo suficiente la importancia de no conformarse con las falsificaciones. Una frase común que uso en la terapia cuando estoy trabajando con mujeres atrapadas en una relación abusiva o enfermiza es: "Siempre obtienes las cosas con las que te conformas". En la superficie, esas palabras pueden sonar duras e indiferentes, pero en realidad son ciertas. Siempre obtenemos las cosas con las que nos conformamos.

Cuando una mujer se enfrenta a este tipo de drama, termina perdiendo lo que Dios tiene para ella. Ella se conforma, perdiendo su tiempo y energía a medida que disminuye su autoestima. La intensidad de una relación romántica disfuncional a menudo conduce a una adicción emocional que se vuelve cada vez más poderosa con el tiempo.

Yo llamo a esto una relación falsa porque hay un reemplazo del amor y respeto mutuos con control y dependencia. Incluso si una persona adecuada muestra su interés, ella no se dará cuenta, o ignorará deliberadamente sus atenciones para aferrarse a lo que ya tiene. Años más tarde, puede mirar hacia atrás y darse cuenta de lo que ha hecho.

A menudo olvidamos cuánto nos ama nuestro Padre celestial y que Él desea cosas buenas para nosotros. Él quiere que esperemos su dirección y provisión Y que no nos conformemos con las falsificaciones. Su Palabra es clara acerca de cómo una mujer debe ser tratada por su pareja. Colosenses 3:19 (RVR) advierte a los esposos: "amad a vuestras mujeres, y no seáis ásperos con ellas."

Si tú eres una mujer que ha crecido con disfunción generacional, es crucial tener en cuenta las falsificaciones. Pueden disfrazarse de Mr. Maravilloso, pero con el tiempo la mayoría comienza a mostrar sus verdaderos colores. Por la gracia de Dios, puedes superar la tendencia a conformarte con menos de lo que mereces y aprender a amarte y valorarte lo suficiente como para elegir una pareja que te trate con verdadero amor y respeto.

Reflexiones

1. ¿De qué maneras te has "conformado" con menos de lo que Dios desea para tu vida?

_____

_____

_____

_____

2. ¿Alguna vez has estado en una relación romántica que era "falsificada? Si es así, explica.

_____

_____

_____

_____

3. ¿Cómo ha afectado este tipo de relación tu autoestima?

_____

_____

_____

_____

4. Si estás en una relación, haz una lista de lo que quieres en una relación saludable.

_____

_____

_____

_____

Escribe Tus Pensamientos y Sentimientos

_____

_____

_____

_____

_____

_____

_____

_____

_____

_____

_____

_____

_____

_____

_____

_____

_____

_____

_____

_____

_____

_____

_____

_____

_____

_____

20

¿Cuál Es Tu Nueva Defensa?

A lo largo de mis años de práctica como terapeuta matrimonial y familiar, he descubierto que las defensas son un gran problema. Una vez que las personas las tienen en su lugar, se aferran firmemente a ellas, incluso si esas defensas están saboteando sus vidas. Puedes preguntar: "¿Por qué harían eso?" Una razón es que esas defensas eran necesarias para su supervivencia en un momento anterior de sus vidas. El abuso, la negligencia o la negatividad los habrían destruido emocionalmente si no hubieran estado armados emocionalmente durante su infancia. Por ejemplo, el hijo de un padre abusivo y enojado puede haber aprendido que era más seguro mantener sus sentimientos adentro. Ahora lucha en su matrimonio como resultado de no sentirse cómodo con la intimidad emocional.

Como humanos, todos tenemos un fuerte instinto de supervivencia incorporado. Una de las cosas más difíciles de lograr en la terapia es ayudar a alguien a aprender a confiar lo suficiente como para relajar su actitud defensiva, o al menos para guardar ciertas defensas en un cofre de herramientas, solo sacándolas si es realmente necesario. Para la mayoría, esta es una opción más deseable que pedirles que tiren algo tan valioso.

La Palabra de Dios nos enseña a armarnos, pero no uno contra el otro. Debemos amar a los demás y confiar en Dios. Es nuestro enemigo espiritual, el diablo, contra quien debemos enfrentarnos mientras nos ponemos la armadura completa de Dios.

"Vestíos de toda la armadura de Dios, para que podáis estar firmes contra las asechanzas del diablo. Porque no tenemos lucha contra sangre y carne, sino contra principados, contra potestades, contra los gobernadores de las tinieblas de este siglo, contra huestes espirituales de maldad en las regiones celestes. Por tanto, tomad toda la armadura de Dios, para que podáis resistir en el día malo, y habiendo acabado todo, estar firmes. Estad, pues, firmes, ceñidos vuestros lomos con la verdad, y vestidos con la coraza de justicia, y calzados los pies con el apresto del evangelio de la paz. Sobre todo, tomad el escudo de la fe, con que podáis apagar todos los dardos de fuego del maligno. Y tomad el yelmo de la salvación, y la espada del Espíritu, que es la palabra de Dios;" Efesios 6: 11-17 (RVR).

Reflexiones

1. Identifica algunos de tus mecanismos de defensa.

_____

_____

_____

_____

2. ¿Cómo están tus defensas saboteando tus relaciones?

_____

_____

_____

_____

3. ¿Qué defensas estás dispuesto a dejar ir?

_____

_____

_____

_____

4. ¿Hay alguna defensa que quieras "guardar en tu caja de herramientas"?

_____

_____

_____

_____

Escribe Tus Pensamientos y Sentimientos

Porque no nos ha dado Dios espíritu de cobardía, sino de poder, de amor y de dominio propio.

—2 Timoteo 1:7 (RVR)

21

Disciplina y Tenacidad de Propósito

La disciplina es para entrenarnos en el ejercicio del autocontrol. La tenacidad es la cualidad de ser muy determinado y persistente, y el propósito es la intención u objetivo de uno.

En el camino para dejar atrás nuestra disfunción generacional, tendremos que recurrir a la disciplina y la tenacidad de propósito para mantenernos en la dirección correcta. La atracción de la disfunción generacional levanta su fea cabeza en los momentos más inoportunos, cuando estamos cansados, estresados o incluso simplemente hambrientos.

Recuerdo cuando, como madre joven, me mantuve persistentemente en mi propósito de obtener mi título universitario. No fue fácil con dos niños pequeños, un esposo y un hogar. Y, sin embargo, estaba muy decidida a alcanzar mi objetivo. Tenía significado para mí. ¡Era importante! Aunque tomó un poco más de tiempo, la disciplina y la tenacidad valieron la pena. Nunca me he arrepentido de ese momento en mi vida. El esfuerzo adicional durante esos primeros años sentó las bases para una educación superior y una carrera profesional.

Nadie más en mi familia se había graduado de la universidad, excepto un primo que se había convertido en médico. Quería romper este patrón y pasar un nuevo estándar a mis hijos. Ahora, años después, mis hijos se han beneficiado de mis decisiones y disfrutan de sus propias carreras profesionales exitosas como resultado de su disciplina y tenacidad de propósito. No hay dudas sobre la universidad para los nietos; por supuesto, irán. Un viejo patrón generacional ha sido reemplazado por uno nuevo.

A lo largo de los años en mi práctica de consejería, he visto a otros que han demostrado una gran autodisciplina y tenacidad de propósito mientras trabajaban para romper patrones negativos en sus propias vidas. Una joven, cuyos padres habían muerto jóvenes por problemas de salud, decidió que quería algo mejor para su vida. Fue emocionante ver cómo tomaba el control de su salud cambiando sus hábitos alimenticios y de ejercicio. Se dio cuenta de que no tenía que ser víctima de comportamientos que había aprendido de sus padres. En lugar de hacer lo que le era familiar, recurrió a su fuerza interior para tomar mejores decisiones.

Otro ejemplo es un joven que quería cambiar la dinámica de la relación que había experimentado con su padre mientras crecía. Habiendo sido criado por un padre no disponible, su padre había pasado la mayor parte de su tiempo trabajando y muy poco tiempo conociendo a su hijo. Para romper este patrón generacional, el joven padre de tres niños comenzó a programar tiempo individual con cada uno de sus hijos. A veces esto no era muy fácil de trabajar en su apretada agenda, pero debido a que era importante para él, lo convirtió en una prioridad.

Colosenses 3:23 (RVR) nos dice: "Y todo lo que hagáis, hacedlo de corazón, como para el Señor y no para los hombres." Tenemos numerosas oportunidades a lo largo de nuestras vidas para practicar disciplina y tenacidad de propósito. Nuestra confianza crece a medida que recordamos los éxitos pasados que nos aseguran que podemos avanzar nuevamente. ¡No tenemos que quedarnos atrapados en el lodo!

Reflexiones

1. ¿En qué áreas de tu vida estás ejerciendo disciplina?

_____

_____

_____

_____

2. ¿Cuáles son tus hábitos más indisciplinados?

_____

_____

_____

_____

3. ¿Dónde se muestra más la tenacidad de propósito en tu vida?

_____

_____

_____

_____

4. ¿Qué patrones negativos en tu vida han requerido superar el mayor nivel de disciplina y tenacidad de propósito?

_____

_____

_____

_____

Escribe Tus Pensamientos y Sentimientos

22

¿Qué Acerca Del Cambio?

El cambio nos encuentra a todos en diferentes momentos de nuestras vidas, pero parece ser el más conmovedor durante la Navidad. Para aquellos que han perdido a un ser querido, el aguijón de la pena y la soledad golpea fuerte durante este tiempo. Las tradiciones familiares que pueden haber existido durante años cambian en ausencia de un cónyuge o miembro de la familia.

He experimentado este cambio en mi propia vida y entiendo la pérdida de equilibrio que ocurre. Aunque intentes preservar algunas de las tradiciones de tu familia para mantener estabilidad, no es lo mismo. Así que te abres paso, secretamente deseando que las festividades hayan terminado.

Las tradiciones agregan estructura y continuidad a nuestras vidas. Nos dan una sensación de estabilidad y seguridad en medio de los altibajos de la vida, pero cuando se produce un cambio radical, un cambio que no se puede ignorar o negar, sentimos el impacto. Todo parece estar mal, y nos quedamos cojeando sobre una pierna, por así decirlo, hasta que podamos encontrar nuestro equilibrio nuevamente. Sin embargo, con la gracia y la fuerza de Dios, encontramos nuestro equilibrio nuevamente. Aprendemos a confiar en Él con nuestro futuro y con nuestro presente. Aunque nuestras tradiciones navideñas nunca serán las mismas, encontramos formas de integrar su sentido de propósito en nuestras nuevas celebraciones. Aprendemos a apreciar a los que nos rodean aún más a medida que creamos nuevos recuerdos con familiares y amigos.

Isaías 26: 3—4 (RVR) nos dice: "Tú guardarás en completa paz a aquel cuyo pensamiento en ti persevera; porque en ti ha confiado. Confiad en Jehová perpetuamente, porque en Jehová el Señor está la fortaleza de los siglos." Que Dios te bendiga si esta temporada de fiestas te encuentra en medio de un cambio, un cambio que no pediste, un cambio que no esperabas. Que el consuelo del Espíritu Santo fluya sobre ti como un bálsamo cálido y relajante, y que el amor inagotable de Dios te dé la estabilidad y la fuerza que tu corazón desea.

Reflexiones

1. ¿Describe una pérdida o cambio reciente o pasado que ha afectado tu vida?

_____
_____
_____
_____

2. ¿Cómo reaccionaste al cambio?

_____
_____
_____
_____

3. ¿Has sentido que la Navidad provoca tristeza por una pérdida en tu vida? Si es así, ¿de qué manera?

_____
_____
_____
_____

4. ¿Qué nuevas tradiciones navideñas han traído una sensación de estabilidad a tu vida?

_____
_____
_____
_____

Escribe Tus Pensamientos y Sentimientos

_____

_____

_____

_____

_____

_____

_____

_____

_____

_____

_____

_____

_____

_____

_____

_____

_____

_____

_____

_____

_____

_____

_____

Todo tiene su tiempo, y todo lo que se quiere debajo del cielo tiene su hora.

—Eclesiastés 3:1 (RVR)

23

Reevaluación De La Etapa de Vida

Si eres como yo, te estarás preguntando si es hora de una reevaluación de la etapa de la vida. Recientemente hablé con una amiga que tengo desde hace mucho tiempo y me di cuenta de que ella tenía algunos de los mismos pensamientos que estaban pasando por mi mente. Ambas estábamos muy conscientes de que, como una progresión natural de los hijos y nietos que crecen, nuestro papel en la familia ha cambiado. Ambas admitimos que este cambio aparentemente nos ha tomado por sorpresa, junto con algunos sentimientos no tan cómodos. Una reevaluación de la etapa de la vida parecía ser necesaria. Cuando comencé a identificar áreas de cambio que debían reevaluarse, las prioridades, los objetivos, las expectativas, el estilo de vida, el autoconcepto y el sentido de propósito estaban en lo más alto de mi lista.

Es normal y saludable que nuestras prioridades cambien a lo largo de nuestras vidas. En esta etapa, me doy cuenta de que mi relación con Dios es una prioridad continua en un nivel aún más profundo, basado en años de experimentar su amor y fidelidad. Esta etapa de la vida es un momento en la vida para disfrutar mi relación con mi esposo y el consuelo de mi familia y amigos de confianza.

Esta reevaluación de mis objetivos me hace darme cuenta de que están más presentes, no a años o décadas de distancia. Incluyen salud y estado físico, proyectos de escritura, así como simplemente relajarme y disfrutar de la vida. Ahora tengo la oportunidad de disfrutar de viajes, pasatiempos e incluso un poco de autocomplacencia y mimos. ¡Y sí, sin culpa! La mayoría de nosotros hemos trabajado duro durante muchos años, criamos hijos y dirigimos un hogar. Un ritmo más suave es perfectamente aceptable ahora.

En lo que respecta a las expectativas, entiendo cada vez más que no podemos basar nuestra felicidad en los comportamientos de los demás. Es mejor dejarlos ser quienes son y no tener expectativas preconcebidas de cómo deben "bendecir" nuestras vidas. En cambio, descubre la mayor alegría de centrarte más en cómo puedes ser una bendición para otra persona.

Luego está la cuestión del autoconcepto y un sentido de propósito. Junto con el cambio de roles a medida que envejecemos, la jubilación aparentemente puede dejar un vacío. Es mejor no quedarse atascado allí. ¡Reevalúa! Basa tu autoconcepto en cómo Dios te ve, no en lo que imaginas que otros piensan o dicen sobre ti. Eres producto de tus experiencias de vida y de lo que has aprendido de ellas. Esta experiencia agrega textura y riqueza a tu vida y forma tu carácter.

Encuentra un nuevo propósito mientras buscas oportunidades para marcar la diferencia en el mundo y en la vida de los demás. Veo un gran propósito en ser amorosa y apoyar a mi esposo, hijos y nietos. Todavía encuentro satisfacción al usar los dones que Dios me ha dado para escuchar a los demás mientras luchan con las dificultades en sus vidas. A menudo, es el pequeño estímulo detrás de escena el que tiene el impacto más significativo.

Si estás tratando de aferrarte rígidamente a una etapa de vida desactualizada que ya no parece encajar, ¡quiero alentarte a que hagas tu propia reevaluación de la etapa de vida y comiences a disfrutar tu vida nuevamente!

Reflexiones

1. ¿Estás tratando rígidamente de aferrarte a una etapa de vida obsoleta que ya no encaja? Si es así, explica.

    _____

    _____

    _____

    _____

2. ¿Cómo han cambiado tus prioridades a lo largo de tu vida?

    _____

    _____

    _____

    _____

3. ¿Tus expectativas de los demás te traen alegría o desilusión? Explica.

    _____

    _____

    _____

    _____

4. ¿De qué maneras eres un producto de tus experiencias de vida y qué has aprendido de ellas?

    _____

    _____

    _____

    _____

Escribe Tus Pensamientos y Sentimientos

24

¿Te Sientes Manipulado?

Si alguna vez te has sentido manipulado, lo más probable es que haya una persona controladora en tu entorno. Así es, alguien que quería estar a cargo, no solo de su propia vida, sino también de la tuya. Todo el tiempo, proclaman que "solo están tratando de ayudar", pero a veces "ayudar" es solamente el lado positivo del control. La mejor manera de discernir si la ayuda de alguien ha pasado al control o no es simplemente eso. ¿Han cruzado tus límites? ¿Te sientes decepcionado, como si conocieran tu mente mejor que tú? ¿Te sientes incómodo o incluso enojado?

No niegues tus sentimientos. Dios nos dio la capacidad de sentir por una razón, a menudo para protegernos del peligro. La estufa está caliente y nos alejamos para proteger nuestra piel de las quemaduras. Nuestras emociones tienen el mismo propósito: una señal de advertencia de que algo está mal.

Gálatas 1:10 (RVR) dice: "¿Pues, ¿busco ahora el favor de los hombres, o el de Dios? ¿O trato de agradar a los hombres?" No es emocionalmente saludable para ti permitirte ser manipulado o controlado por otra persona que necesita sentirse superior o que no es consciente de sus motivos ocultos. Puedes manejar este tipo de situación diciendo la verdad con amor. Por favor, toma medidas para preservar tu dignidad y autoestima. ¡Establece límites claros en las relaciones y mantente saludable!

Reflexiones

1. ¿Tienes un controlador en tu vida o eres el controlador? Explica.

_____

_____

_____

_____

2. ¿Describe un incidente cuando te sentiste manipulado o cuando fuiste el manipulador?

_____

_____

_____

_____

3. ¿Eres una persona complaciente? Si es así, ¿cómo puede esto volverse poco saludable para ti?

_____

_____

_____

_____

4. ¿Qué límites necesitas establecer en tus relaciones para mantenerte saludable?

_____

_____

_____

_____

Escribe Tus Pensamientos y Sentimientos

No temas, porque yo estoy contigo; no desmayes, porque yo soy tu Dios que te esfuerzo; siempre te ayudaré, siempre te sustentaré con la diestra de mi justicia.

—Isaías 41:10 (RVR)

25

Toma Tiempo Para El Duelo

Todos experimentamos pérdidas de una forma u otra durante nuestras vidas, y puede ser tentador reprimir los sentimientos de dolor. Después de todo, necesitas seguir con tu vida, ¿verdad? ¡Incorrecto! No puedo enfatizar lo suficiente lo importante que es para ti tomarte el tiempo para llorar.

Si ignoras, ocultas o niegas tus sentimientos, saldrán a la superficie en una situación u otra, a veces años después. Nuestros sentimientos de tristeza y dolor pueden abrumarnos y asustarnos. No estamos acostumbrados a este nivel de intensidad, y la mayoría de nosotros estamos incómodos con esto. Por ejemplo, algunas personas evitan llorar después de una pérdida porque temen que una vez que comiencen, no puedan parar. Sin embargo, esas lágrimas son catárticas, un bálsamo curativo. Otros crecieron en hogares donde el mensaje implícito era no hablar de sentimientos.

Dios promete estar con nosotros cuando caminamos a través del dolor. El Salmo 34:18 (NVI) nos dice: "Cercano está Jehová a los quebrantados de corazón; Y salva a los contritos de espíritu." Él gentilmente nos ha dado el consuelo de su Espíritu Santo, pero solo podemos recibir aliento cuando reconocemos nuestro dolor. Puedes romper el patrón disfuncional de reprimir tus sentimientos, sabiendo que Dios está contigo y que Él ve tus heridas. No te ha dejado sin consuelo.

Reflexiones

1. ¿Qué aprendiste de tus padres o abuelos sobre cómo lidiar con los sentimientos?

_____

_____

_____

_____

2. ¿Reprimes tus sentimientos a veces? Si es así, da un ejemplo.

_____

_____

_____

_____

3. ¿Has experimentado una pérdida por la que no has hecho duelo completamente? Explica.

_____

_____

_____

_____

4. ¿Cómo puedes recurrir al consuelo y la gracia de Dios para romper el patrón disfuncional de reprimir tus sentimientos?

_____

_____

_____

_____

Escribe Tus Pensamientos y Sentimientos

26

No Permitas Que Tus Problemas Te Impresionen

En la terapia, a menudo escuchamos la frase "ponte en contacto con tus sentimientos", y este es un aspecto esencial de la buena salud mental: no niegues ni reprimas tus sentimientos. Sin embargo, hay un momento para poner las cosas en perspectiva racionalmente. En otras palabras, no le des a tus problemas tanto poder o atención que te abrumen y te hagan perder de vista la grandeza de Dios. Él es más grande que todos nuestros problemas. Él es nuestro "gran Dios, nuestro Dios, que puede hacer cualquier cosa". El Salmo 50:15 (RVR) nos dice: "E invócame en el día de la angustia; te libraré, y tú me honrarás."

He visto a mis clientes de consejería ganar libertad emocional al comprender el concepto de que no es la situación lo que produce sentimientos problemáticos, sino lo que nos decimos sobre la situación. Experimentan una mayor paz y estabilidad cuando dejan de estar a merced de circunstancias externas. Empoderados para elegir sus pensamientos y respuestas en lugar de reaccionar, pueden salir de la montaña rusa del drama y enfocarse más claramente en los aspectos positivos de sus vidas.

Tengo una buena amiga que ha tenido muchos problemas físicos a lo largo de los años. Sin embargo, a menudo dice: "Es solo un bache en el camino". Algunos de esos baches en el camino me han parecido bastante serios. ¿Como lo hace ella? Ella llama a Dios, confía en Él para que la ayude, y luego vuelve a su enfoque de honrarlo en su vida. ¡Ella no deja que sus problemas la impresionen!

Mi amiga continúa, con una sonrisa en su rostro y alabanzas en su corazón. Ella es un excelente ejemplo para todos nosotros, mientras aprendemos el valor de no dejar que nuestros problemas nos impresionen.

Reflexiones

1. ¿Qué problemas en tu vida has permitido que te abrumen y agoten tu energía?

_____

_____

_____

_____

2. ¿Qué te estás diciendo sobre estos problemas?

_____

_____

_____

_____

3. ¿Qué sentimientos estás experimentando como resultado de tus pensamientos sobre estos problemas?

_____

_____

_____

_____

4. ¿Qué pasos puedes seguir para comenzar a "elegir" tus pensamientos y respuestas en lugar de reaccionar ante las circunstancias?

_____

_____

_____

_____

Stephanie Murphy

Escribe Tus Pensamientos y Sentimientos

_____

_____

_____

_____

_____

_____

_____

_____

_____

_____

_____

_____

_____

_____

_____

_____

_____

_____

_____

_____

_____

_____

_____

_____

_____

_____

27

Distraído

Los patrones generacionales de fragmentación e inestabilidad pueden ser profundos en las familias: divorcio, dificultades de relación, cortes emocionales o cambios crónicos en el trabajo. Con eso en mente, no es extraño que las personas se encuentren saboteando sus vidas y su éxito al permitirse distraerse y desenfocarse.

¿Alguna vez has tenido momentos en tu día, o en tu vida, cuando una distracción tras otra parecía desviarte? Tal vez fue durante tu día de trabajo cuando tenías una fecha límite que cumplir, y el teléfono sonaba diez veces, o un compañero de trabajo se acercaba para hacerte algunas preguntas. Sabes a lo que me refiero, ¿verdad? Después de cada distracción, se vuelve más difícil reenfocarse en lo que inicialmente estabas tratando de lograr.

Estas distracciones pueden ser grandes o pequeñas. A veces, las pequeñas causan el mayor daño porque no las reconocemos fácilmente como problemáticas, hasta que experimentamos su efecto acumulativo. Este tipo de distracción puede tomar la forma de personas quejándose o juzgando en el trabajo o en tu círculo social. Aunque es fácil pasarlo por alto desde el principio, con el tiempo, puedes comenzar a sentirte debilitado y comenzar a dudar de ti mismo.

Las distracciones más sustanciales pueden incluir problemas de salud, problemas de relación o dificultades financieras. Puedes preguntar: "¿Cómo me mantengo enfocado en lo que Dios me ha llamado a hacer o en las metas que tengo para mi vida?" La Palabra de Dios nos da la respuesta. "Tus ojos miren lo recto, y diríjanse tus párpados hacia lo que tienes delante. Examina la senda de tus pies, y todos tus caminos sean rectos." Proverbios 4: 25—26 (RVR). En otras palabras, ¡no te distraigas!

Reflexiones

1. ¿Qué patrones generacionales de inestabilidad has observado en tu familia de origen?

_____

_____

_____

_____

2. ¿Cómo han afectado estos patrones disfuncionales tu propia vida?

_____

_____

_____

_____

3. ¿Qué distracciones has permitido que te desvíen?

_____

_____

_____

_____

4. Nombra las pequeñas distracciones que están teniendo un efecto acumulativo en tu vida.

_____

_____

_____

_____

Stephanie Murphy

Escribe Tus Pensamientos y Sentimientos

_____

_____

_____

_____

_____

_____

_____

_____

_____

_____

_____

_____

_____

_____

_____

_____

_____

_____

_____

_____

_____

_____

_____

_____

_____

_____

A Jehová presta el que da al pobre, y el bien que ha hecho, se lo volverá a pagar.

—Proverbios 19:17 (RVR)

28

Personas Ayudando A Personas

En círculos disfuncionales, la ayuda puede ser el "lado positivo del control", pero no estoy hablando de este tipo de ayuda. Sabrás de qué estoy hablando si alguna vez has pasado un día en la Clínica Mayo. Mi esposo y yo recientemente pasamos la mayor parte del día allí entre varias citas programadas. Nuestro itinerario nos permitió tiempo suficiente para ir a la cafetería y hacer algunos viajes en el ascensor.

Descubrimos que este entorno es completamente diferente de lo que experimentamos en el día a día. Así que, por supuesto, me llamó la atención. Estábamos en el área ortopédica, y observé personas en sillas de ruedas o caminando con bastones, algunas con extremidades vendadas. Eso en sí mismo no fue lo que me llamó la atención, fue la gente ayudando a la gente. Por todas partes que miraba, alguien estaba ayudando a alguien: un hijo adulto empujando a un padre en su silla de ruedas o un hombre mayor que sostenía amorosa y pacientemente el brazo de su esposa mientras ella salía de la cafetería.

La Palabra de Dios nos dice que llevemos la carga el uno del otro, que nos ayudemos. Al hacer esto, estamos cumpliendo la ley de Cristo, que es la ley del amor. "Sobrellevad los unos las cargas de los otros, y cumplid así la ley de Cristo." Gálatas 6: 2 (RVR).

Que nuestros ojos estén abiertos a quienes nos rodean que llevan una pesada carga. Sus necesidades pueden no ser tan evidentes como la persona en la silla de ruedas. Puede ser un dolor interno, un corazón pesado o un espíritu roto. ¡Tal vez una palabra amable o una sonrisa tuya serían suficientes para alegrarles el día!

Reflexiones

1. ¿Cuál es la diferencia entre ayuda y control?

_____

_____

_____

_____

2. ¿Qué observaste en tu familia de origen con respecto a este tema?

_____

_____

_____

_____

3. ¿Qué nos enseña Jesús acerca de ayudar a otros?

_____

_____

_____

_____

4. ¿Cómo te sentiste cuando alguien vino a tu lado para ayudarte en un momento difícil de tu vida?

_____

_____

_____

_____

Escribe Tus Pensamientos y Sentimientos

29

Misericordia – Ver, Sentir, Tomar Acción

Una de las mejores maneras de superar los patrones de disfunción generacional es darnos cuenta de que no todo se trata de nosotros. Debemos aprender a ser misericordiosos con los demás. Misericordia es ver la necesidad de alguien, sentir empatía y compasión por esa persona y tomarse el tiempo para ayudar. A veces nos detenemos en el "ver" y seguimos caminando en nuestras vidas ocupadas. Otras veces vamos un paso más allá y realmente "sentimos" compasión por la persona, tal vez incluso oramos por ella, y luego continuamos con nuestra apretada agenda. Pero la verdadera misericordia toma medidas para satisfacer las necesidades de la persona.

Puedes decir: "No puedo satisfacer plenamente las necesidades de la persona. Es muy grande para mí. No tengo los recursos para eso". Puede que tengas razón. Puede ser más de lo que puedes proporcionar individualmente, pero pregúntate: "¿Qué puedo hacer? ¿Podría marcar la diferencia de alguna manera en la vida de esta persona? " ¿Recuerdas al niño con los dos peces y los cinco pedazos de pan? Dio lo que tenía, y Dios lo bendijo, lo multiplicó y lo hizo suficiente para la necesidad.

La Biblia nos enseña a mostrar misericordia. Miqueas 6:8 (RVR) nos dice: "Oh hombre, él te ha declarado lo que es bueno, y qué pide Jehová de ti: solamente hacer justicia, y amar misericordia, y humillarte ante tu Dios". Proverbios 3: 3—4 (RVR) dice: "Nunca se aparten de ti la misericordia y la verdad; átalas a tu cuello, escríbelas en la tabla de tu corazón; y hallarás gracia y buena opinión ante los ojos de Dios y de los hombres."

De hecho, en Mateo 25:34—40 (RVR), podemos ver que Jesús toma nuestro comportamiento hacia los demás muy personalmente. "Entonces el Rey dirá a los de su derecha: Venid, benditos de mi Padre, heredad el reino preparado para vosotros desde la fundación del mundo. Porque tuve hambre, y me disteis de comer; tuve sed, y me disteis de beber; fui forastero, y me recogisteis; estuve desnudo, y me cubristeis; enfermo, y me visitasteis; en la cárcel, y vinisteis a mí. Entonces los justos le responderán diciendo: Señor, ¿cuándo te vimos hambriento, y te sustentamos, o sediento, y te dimos de beber? ¿Y cuándo te vimos forastero, y te recogimos, o desnudo, y te cubrimos? ¿O cuándo te vimos enfermo, o en la cárcel, y vinimos a ti? Y respondiendo el Rey, les dirá: De cierto os digo que en cuanto lo hicisteis a uno de estos mis hermanos más pequeños, a mí lo hicisteis."

No te justifiques para no mostrar misericordia a los demás solo porque has tenido dificultades en la vida. No cometas el error de suponer que no tienes nada que dar. Llegar a otros necesitados permitirá que el amor sanador de Dios fluya a través de ti hacia ellos. No dejes que tu pasado te impida la hermosa experiencia de mostrar misericordia a los demás hoy.

Reflexiones

1. ¿Qué es la verdadera misericordia?

_____

_____

_____

2. Da un ejemplo de un momento en que mostraste misericordia a otra persona.

_____

_____

_____

3. Da un ejemplo de una situación en la que sentiste misericordia por alguien pero no actuaste de acuerdo con tu sentimiento porque creías que la necesidad era demasiado grande para que marcara la diferencia.

_____

_____

_____

_____

4. ¿Has asumido que no tienes nada que dar debido a tus luchas pasadas en la vida? Si es así, ¿qué pasos puedes tomar hoy para permitir que el amor sanador y la gracia de Dios fluyan a través de ti hacia los demás?

_____

_____

_____

Stephanie Murphy

Escribe Tus Pensamientos y Sentimientos

_____

_____

_____

_____

_____

_____

_____

_____

_____

_____

_____

_____

_____

_____

_____

_____

_____

_____

_____

_____

_____

_____

_____

_____

_____

_____

_____

_____

No juzguéis, y no seréis juzgados; no condenéis, y no seréis condenados; perdonad, y seréis perdonados.

—Lucas 6:37 (RVR)

30

El Amor Cubre Multitud de Pecados

"Mas el fin de todas las cosas se acerca; sed, pues, sobrios, y velad en oración. Y ante todo, tened entre vosotros ferviente amor; porque el amor cubrirá multitud de pecados.". 1 Pedro 4: 7—8 (RVR)

Mientras escuchaba un sermón sobre cómo prepararme para los últimos tiempos, me sorprendió el énfasis del mensaje. El predicador no nos estaba diciendo dónde poner nuestro dinero o almacenar comida en preparación para tiempos difíciles. En cambio, nos dijo que preparemos nuestros corazones para que no obstaculicemos la obra del Espíritu Santo en el tiempo final, durante las "lluvias tardías antes de la cosecha". "Por tanto, hermanos, tened paciencia hasta la venida del Señor. Mirad cómo el labrador espera el precioso fruto de la tierra, aguardando con paciencia hasta que reciba la lluvia temprana y la tardía". Santiago 5: 7 (RVR).

Debido a que las Escrituras nos dicen, como creyentes,

que tengamos ferviente caridad (amor) entre nosotros, no solo debemos perdonar a cualquiera que nos haya lastimado, sino que también debemos cubrir su ofensa. Esa es la parte que me llamó la atención. Nunca antes había oído decir algo así. No puedo cubrir el pecado de alguien contra Dios, pero puedo cubrir el pecado de alguien contra mí. En otras palabras, puedo no hablar de eso con otros, no difundirlo y no seguir hablando de eso diez o veinte años después. También significa que le pido a Dios que elimine cualquier raíz de amargura que haya en mi corazón.

Este es el cristianismo radical en su forma más pura. Es gracia, y sí, va completamente en contra de nuestra naturaleza humana. Decimos que hemos perdonado a alguien porque, como cristianos, sabemos que porque Dios nos ha perdonado, es lo que se supone que debemos hacer. Pero ¿cuántos de nosotros nos encontramos planteando el asunto a amigos y familiares en más de una ocasión? De alguna manera racionalizamos que está bien porque, después de todo, ¿no necesitamos un poco de apoyo y comprensión por parte de quienes se preocupan por nosotros? ¿Un poco de simpatía u oración?

Como terapeuta, estoy acostumbrada a que las personas me traigan sus problemas con confianza, pero les estoy haciendo un mal servicio si no los guío en la dirección del perdón y de dejar ir la amargura. La empatía y el consejo de un amigo y confidente pueden ser sanadores y valiosos cuando no se convierten en un sustituto de llevar la situación a Dios y actuar con amor.

Santiago 5: 8—9 (RVR) nos dice: "Tened también vosotros paciencia, y afirmad vuestros corazones; porque la venida del Señor se acerca. Hermanos, no os quejéis unos contra otros, para que no seáis condenados; he aquí, el juez está delante de la puerta." Estos versículos hacen evidente que la forma en que nos tratamos está vinculada a nuestra preparación para la venida del Señor. Puede parecer injusto que la persona que ha sido lastimada por otra persona tenga la carga de perdonar y cubrir el delito de esa persona. Sin embargo, esto es lo que se nos recomienda hacer.

Es para nuestro propio bien perdonar y liberar cualquier raíz de amargura antes de que tenga tiempo de crecer. No significa que nos engañemos al pensar que el comportamiento de la otra persona fue correcto. No significa que siempre nos mantengamos en el camino de una persona hiriente, pero sí significa que los perdonamos e incluso oraremos por ellos. Una de las mejores maneras de deshacerse del resentimiento es orar por la persona cuando una emoción negativa o un pensamiento sobre ella pasa por tu mente. También es importante recordar que Dios puede usar una situación negativa para nuestro bien mientras nos prepara para la eternidad.

Reflexiones

1. ¿Cuál es la diferencia entre cubrir la ofensa de alguien hacia ti y estar en negación?

_____

_____

_____

_____

2. ¿En qué se diferencian cubrir la ofensa de alguien hacia ti y guardarte tus sentimientos adentro?

_____

_____

_____

_____

3. ¿De qué maneras puedes extender la gracia a alguien que te ha ofendido?

_____

_____

_____

_____

4. ¿Cómo puedes aplicar Santiago 5: 8-9 a tu propia vida?

_____

_____

_____

_____

Escribe Tus Pensamientos y Sentimientos

31

Un Estándar Más Alto

"Y como queréis que hagan los hombres con vosotros, así también haced vosotros con ellos. Porque si amáis a los que os aman, ¿qué mérito tenéis? Porque también los pecadores aman a los que los aman. Y si hacéis bien a los que os hacen bien, ¿qué mérito tenéis? Porque también los pecadores hacen lo mismo. Y si prestáis a aquellos de quienes esperáis recibir, ¿qué mérito tenéis? Porque también los pecadores prestan a los pecadores, para recibir otro tanto. Amad, pues, a vuestros enemigos, y haced bien, y prestad, no esperando de ello nada; y será vuestro galardón grande, y seréis hijos del Altísimo; porque él es benigno para con los ingratos y malos. Sed, pues, misericordiosos, como también vuestro Padre es misericordioso". Lucas 6: 31-36 (RVR).

¿Te cuesta vivir a la altura de este alto nivel? Las palabras de Jesús dicen mucho en este pasaje de las Escrituras. No es simplemente un estándar de comportamiento pretendido por un teólogo o maestro. Es el estándar de Dios para nosotros como sus hijos.

Él sabe que no somos perfectos, tal como sabemos que nuestros hijos se equivocarán y no alcanzarán lo que esperamos de ellos. Eso no nos impide establecer un alto estándar de comportamiento para ellos, ya que somos conscientes de que están observando nuestro ejemplo. Nuestro Padre celestial nos da su ejemplo a seguir. Es amable y misericordioso con los desagradecidos y los malvados.

No sé tú, pero cuando soy sincera conmigo misma, mi tendencia natural es tener pensamientos negativos sobre las personas que no necesariamente han sido buenas conmigo, mi familia o mis amigos. Racionalizo esto juzgando mentalmente sus comportamientos y sintiéndome justificada en mi evaluación. Sin embargo, Jesús nos llama a ti y a mí a un nivel más alto.

Que cada uno de nosotros alcance la meta que Dios nos ha establecido como creyentes. Por supuesto, no podemos hacer esto en la carne, pero podemos tener el fruto del Espíritu en nuestras vidas al caminar en el Espíritu. Juan 15: 4 (RVR) nos exhorta: "Permaneced en mí, y yo en vosotros. Como el pámpano no puede llevar fruto por sí mismo, si no permanece en la vid, así tampoco vosotros, si no permanecéis en mí." Cuando permanecemos en Cristo, Él nos da poder mientras nos esforzamos por ser más como Él.

Reflexiones

1. ¿Cuál es el estándar de Dios para amar a los demás?

_____

_____

_____

_____

2. ¿De qué manera luchas para estar al nivel de este alto estándar?

_____

_____

_____

_____

3. ¿Cuál es tu tendencia natural hacia aquellos que muestran comportamientos negativos hacia ti?

_____

_____

_____

_____

4. ¿Qué racionalizaciones utilizas para justificar tus reacciones?

_____

_____

_____

_____

Escribe Tus Pensamientos y Sentimientos

32

Solo Ama A Todos

Las palabras en un letrero de la iglesia me llamaron la atención cuando estaba conduciendo a casa un día. "Simplemente ama a todos, y yo me encargaré de todo lo demás después". Cuando reflexioné sobre el significado, comenzó a tener sentido. La exhortación de Cristo a sus seguidores es "amarse unos a otros" y "no juzgar".

Todos tenemos personas difíciles en nuestras vidas, o tal vez somos la persona difícil en la vida de otra persona sin siquiera darnos cuenta. Todos tenemos nuestros puntos ciegos. La Navidad o eventos especiales tienen una manera de unirnos con familiares, amigos y compañeros de trabajo. Es posible que no estemos acostumbrados a pasar mucho tiempo con algunas de estas personas, y es más que probable que nos encontremos juzgando, si no verbalmente, en nuestras mentes, sobre algunas de ellas. Luego racionamos nuestro amor, amabilidad o atención en función de nuestra evaluación, que puede ser o no precisa. Podríamos olvidar tener en cuenta el crecimiento y el cambio que el primo José ha tenido desde que su última escapada llegara a los chismes de todos.

Mientras pensaba más en las palabras en el letrero de la iglesia, recordé que Cristo nos amaba cuando estábamos perdidos y deshechos. No solo nos amaba lo suficiente como para ser cortés y cordial: nos amaba lo suficiente como para bajar a la tierra y morir por nuestros pecados. Si Él puede amarme tanto, ¿no debería yo, a su vez, amar a los demás en lugar de juzgarlos? No tengo idea de lo que tiene reservado para sus vidas o cómo se está acercando a ellos. Quién sabe, quizás mi comportamiento amoroso hacia alguien es parte de su plan para acercar a esa persona a él.

Juan 13:34 (RVR) dice: "Un mandamiento nuevo os doy: Que os améis unos a otros; como yo os he amado, que también os améis unos a otros." Entonces, en el futuro, ¿por qué no nos proponemos amar a todos en nuestros corazones y dejar que Él se encargue del resto?

Reflexiones

1. Identifica a las personas difíciles en tu vida.

_____

_____

_____

_____

2. ¿Podría ser posible que seas la persona difícil en la vida de otra persona? Si es así, ¿ de qué manera?

_____

_____

_____

_____

3. ¿De qué maneras eres propenso a juzgar a los demás?

_____

_____

_____

_____

4. ¿Eres consciente de cualquier comportamiento o actitud que pueda parecer poco amorosa para los demás? Si es así, sé específico y honesto contigo mismo.

_____

_____

_____

_____

Stephanie Murphy

Escribe Tus Pensamientos y Sentimientos

Acercaos a Dios, y él se acercará a vosotros.
—Santiago 4:8 (RVR)

33

No Te Olvides De Nuestra Cercanía

Cuando seas tentado, te exhorto a que cuentes el costo. Adán y Eva no tenían idea de cuánto costaría su desobediencia: su cercanía con Dios. Habían disfrutado caminando y hablando con Él en el Jardín del Edén. Después de pecar, se escondieron de su presencia. Al ser engañados, intercambiaron su cercanía con su Creador por la satisfacción instantánea de sus deseos.

Conocí a una mujer joven y hermosa que comprometió sus valores. Habiendo perdido su matrimonio como resultado de la infidelidad de su esposo, ella estaba lo más vulnerable que había estado en toda su vida: sola, sintiéndose no amada y abandonada.

Mientras hablábamos, era evidente que se estaba escondiendo de su Padre Celestial. En lugar de buscar consuelo y fortaleza en su presencia, ella había aceptado la falsificación de Satanás. Traté de ayudarla a ver que sus deseos de amor y compañía eran comprensibles, pero el camino que había elegido tenía un precio demasiado alto:

su cercanía con Dios. ¿Lo ves? Satanás no está tratando de darnos satisfacción y placer cuando nos tienta a pecar, está tratando de separarnos de Dios. Santiago 4: 7—8 (RVR) nos dice: "Someteos, pues, a Dios; resistid al diablo, y huirá de vosotros. Acercaos a Dios, y él se acercará a vosotros. Pecadores, limpiad las manos; y vosotros los de doble ánimo, purificad vuestros corazones."

La Palabra de Dios nos dice que guardemos nuestros corazones, "No améis al mundo, ni las cosas que están en el mundo. Si alguno ama al mundo, el amor del Padre no está en él. Porque todo lo que hay en el mundo, los deseos de la carne, los deseos de los ojos, y la vanagloria de la vida, no proviene del Padre, sino del mundo. Y el mundo pasa, y sus deseos; pero el que hace la voluntad de Dios permanece para siempre." 1 Juan 2: 15-17 (RVR).

Nuestro Padre Celestial desea una relación cercana con nosotros. A través de Cristo, Él ha provisto una manera de restaurar nuestra relación con Él. "Si confesamos nuestros pecados, él es fiel y justo para perdonar nuestros pecados, y limpiarnos de toda maldad". 1 Juan 1:9 (RVR). No dejes que tu sensación de fracaso y vergüenza te impida volver corriendo a sus brazos extendidos.

Reflexiones

1. ¿Describe lo que significa tener una relación cercana con Dios?

_____

_____

_____

_____

2. ¿Ha habido un momento en tu vida en el que sentiste que no estabas tan cerca de Dios como antes? Explica.

_____

_____

_____

_____

3. ¿Hay algo o alguien que valoras más que tu cercanía con Dios?

_____

_____

_____

_____

4. ¿Cómo describirías el engaño de la tentación?

_____

_____

_____

_____

Escribe Tus Pensamientos y Sentimientos

_____

_____

_____

_____

_____

_____

_____

_____

_____

_____

_____

_____

_____

_____

_____

_____

_____

_____

_____

_____

_____

_____

_____

_____

_____

_____

_____

34

Orando y Cantando

"¿Está alguno entre vosotros afligido? Haga oración. ¿Está alguno alegre? Cante alabanzas." Santiago 5:13 (RVR). Orar y cantar en nuestra vida parece ser lo que nos está animando a hacer. No estamos exentos de dificultades, pero sabemos qué hacer durante esos tiempos difíciles: ¡orar! Por el contrario, si estamos felices, debemos cantar alabanzas a Dios.

Echemos un vistazo a lo que a veces ocurre en vez de eso. Si sufres dificultades, ¿oras o te quejas? Tal vez oras y te quejas. Cuando estás feliz, ¿cantas alabanzas o das por sentado tu situación cómoda, sin orar ni cantar?

La Palabra de Dios nos da instrucciones sobre cómo manejar los altibajos de la vida sin agobiarnos, estresarnos demasiado o perder nuestra paz. La naturaleza humana es quejarse y dar por sentado nuestras bendiciones, pero en Cristo, nuestro hombre espiritual busca acercarse a Dios en tiempos de adversidad y en tiempos de bendición.

No tiene que ser uno u otro, ya que aprendemos que

nuestra paz proviene de Su presencia y no de circunstancias perfectas. Esta confianza es el secreto de la estabilidad en nuestras vidas. Espero que saques fuerzas de tu cercanía con Dios, independientemente de las circunstancias. ¡Que sigas orando y cantando!

Reflexiones

1. ¿Cómo manejas las dificultades y las circunstancias difíciles?

_____

_____

_____

_____

2. Describe una situación que te haya hecho sentir abrumado y estresado.

_____

_____

_____

_____

3. ¿De qué manera la oración ha sido una fuente de consuelo para ti en tiempos difíciles?

_____

_____

_____

_____

4. ¿Cómo expresaron tus padres alegría y felicidad?

_____

_____

_____

_____

Escribe Tus Pensamientos y Sentimientos

35

Cuando Dios Aparece

¿Alguna vez has experimentado una situación que te sobrepasaba, no podías ver tu camino despejado y tenías resistencia de todos los lugares? Y luego, Dios apareció. Cuando sabías en lo profundo de tu alma que no era solo una coincidencia, era una "cosa de Dios".

He experimentado esto muchas veces en mi vida, y lo experimenté nuevamente recientemente. Le envié un mensaje de texto a mi amiga cercana, "Oh, Dios mío, acabamos de experimentar una "cosa de Dios", y procedí a contarle los detalles de la intervención de Dios. Era tan claro, tan relevante para nuestras necesidades, que no podía confundirse con una simple casualidad. Mi esposo y yo estábamos asombrados por la precisión del cuidado de Dios para satisfacer la necesidad que teníamos.

Más temprano ese día, había leído sobre buscar los propósitos de Dios en lugar de seguir nuestros propios planes. Planeamos muchas cosas en nuestra vida diaria, pero es Dios quien controla el resultado. La Palabra de Dios nos dice:

"¡Vamos ahora! los que decís: Hoy y mañana iremos a tal ciudad, y estaremos allá un año, y traficaremos, y ganaremos; cuando no sabéis lo que será mañana. Porque ¿qué es vuestra vida? Ciertamente es neblina que se aparece por un poco de tiempo, y luego se desvanece. En lugar de lo cual deberíais decir: Si el Señor quiere, viviremos y haremos esto o aquello. Pero ahora os jactáis en vuestras soberbias. Toda jactancia semejante es mala;" Santiago 4: 13-16 (RVR).

A veces planeamos directamente sin considerar a Dios dentro de nuestras vidas, sin darle espacio para interrumpir nuestros planes. Pero a medida que no podemos más por nosotros mismos y lo invitamos a ser parte del proceso, Él aparece, ¡y recibimos la bendición de su participación activa y amorosa en nuestras vidas!

Reflexiones

1. Escribe sobre una situación en la que te sentiste abrumado y carente de recursos.

_____

_____

_____

_____

2. ¿Alguna vez has experimentado "una cosa de Dios"? Describe.

_____

_____

_____

_____

3. ¿De qué maneras "sobre-planificas" tu vida?

_____

_____

_____

_____

4. ¿Le das a Dios espacio para interrumpir tus planes? Explica.

_____

_____

_____

_____

Escribe Tus Pensamientos y Sentimientos

Todas las cosas ha hecho Jehová para sí mismo,
—Proverbios 16:4 (RVR)

36

Propósito

El propósito tiene muchas formas: familia, servicio, ministerio o carrera. Es tan individual a como lo somos nosotros. Sin embargo, a medida que maduramos y experimentamos la vida, se nos dan repetidas oportunidades de aprender que no se trata acerca de nosotros, que adquirimos satisfacción y propósito al participar en el amor de Dios por los demás.

Hace poco leí un pasaje escrito por Tony Snow hace varios años antes de que perdiera su batalla contra el cáncer. Tony compartió su corazón sobre lo que la enfermedad le había enseñado. Me conmovió su descripción de encontrar un verdadero propósito y realización en la vida al compartir el amor de Dios por los demás.

Comencé a pensar en esto en mi vida diaria y en mis interacciones con los demás. A medida que me volví más consciente de participar en el amor de Dios por los demás, comencé a ser intencional en hacer pequeños actos de bondad en el presente. Como resultado, sentí un nuevo sentido de propósito.

Ya ves, nuestro amor no es perfecto. ¡Pero el de Dios sí lo es! Nos absorbemos en nosotros mismos a medida que avanzamos en nuestro día. No es que estemos tratando de no ser amorosos, sino que estamos ocupados y preocupados por los asuntos triviales de la vida. La enfermedad de Tony le ofreció la oportunidad de desviar su atención de las cosas que no importan a las que sí importan.

Cuando pensamos en el abundante amor de Dios por nosotros, es emocionante darnos cuenta de que podemos participar en ese tipo de amor. Jesús nos dice: " Jesús le dijo: Amarás al Señor tu Dios con todo tu corazón, y con toda tu alma, y con toda tu mente. Este es el primero y grande mandamiento. Y el segundo es semejante: Amarás a tu prójimo como a ti mismo." Mateo 22:37-39 (RVR). Al permitir que el Espíritu Santo nos guíe, podemos caminar en amor. Es nuestro privilegio ser parte de algo más grande que nosotros mismos.

¡Que Dios nos bendiga a cada uno de nosotros mientras encontramos verdadera satisfacción y propósito al participar en su amor por los demás!

Reflexiones

1. ¿Qué te ha dado un sentido de propósito en la vida?

_____

_____

_____

_____

2. ¿De qué maneras has encontrado un propósito al participar en el amor de Dios por los demás?

_____

_____

_____

_____

3. ¿Qué experiencias en tu vida te han ayudado a cambiar tu enfoque de cosas que no importan a cosas que sí importan?

_____

_____

_____

_____

4. Haz una lista de los actos diarios de bondad que has hecho que te dieron una sensación de satisfacción y propósito.

_____

_____

_____

_____

Stephanie Murphy

Escribe Tus Pensamientos y Sentimientos

_____

_____

_____

_____

_____

_____

_____

_____

_____

_____

_____

_____

_____

_____

_____

_____

_____

_____

_____

_____

_____

_____

37

Tú Eres Especial

"Sé que eres mi hijo, mi hijo especial, y te amo con un amor que no puedes entender". Mientras leía las palabras garabateadas en una hoja de papel, pensé en su significado. Una amiga las había escrito cuando se sintió conmovida a compartirlas conmigo. Habiendo crecido sin mi padre, realmente no tenía una buena base para comprender el amor de mi Padre celestial por mí. No sabía lo especial que era para él.

Con los años, he encontrado consuelo al saber que gracias a Cristo, puedo tener una relación especial con mi Padre celestial. No es que yo sea más especial que tú, pero soy importante para Él, ¡y tú también lo eres! Mi relación con Él es especial, ¡y también la tuya!

Puede que no te hayas sentido amado o valorado por tu padre terrenal, pero no importa. Eso no significa que no seas especial. Cuanto antes te des cuenta de esto y comiences a vivir tu vida bajo esa premisa, más feliz serás. La gracia de Dios es suficiente para llenar los vacíos que dejó la disfunción generacional en tu vida. Él es suficiente, y su amor es suficiente para compensar cualquier falla de un padre terrenal. En Lucas 12: 6—7 (RVR), Jesús nos dice: "¿No se venden cinco pajarillos por dos cuartos? Con todo, ni uno de ellos está olvidado delante de Dios. Pues aun los cabellos de vuestra cabeza están todos contados. No temáis, pues; más valéis vosotros que muchos pajarillos."

Si tus experiencias de la infancia te han dejado sintiéndote insignificante, te aliento a disfrutar del amor de tu Padre celestial y comenzar a darte cuenta de lo valioso que eres para Él.

Reflexiones

1. ¿Te han dejado las experiencias de tu infancia sintiéndote que no eres especial? Si es así, de qué manera.

_____

_____

_____

_____

2. ¿Has podido, como adulto, superar esas experiencias? Explica.

_____

_____

_____

_____

3. ¿Cómo ha llenado la gracia de Dios los vacíos que la disfunción generacional puede haber dejado en tu vida?

_____

_____

_____

_____

4. Enumera algunas formas en que puedes aprender a disfrutar del amor de tu Padre Celestial.

_____

_____

_____

_____

Escribe Tus Pensamientos y Sentimientos

Jehová está en medio de ti, poderoso, él salvará; se gozará sobre ti con alegría, callará de amor, se regocijará sobre ti con cánticos.

—Sofonías 3:17 (RVR)

38

Tú Eres Suficiente

Lucharás con las relaciones hasta que llegues al punto de creer que "eres suficiente". Las mujeres continuarán manteniendo relaciones abusivas hasta que sepan en su corazón que son suficientes, con o sin un hombre en su vida. He aconsejado a mujeres que no pueden separarse de una pareja abusiva, incluso si sufrían abuso físico. Continuaban regresando por más, hasta que no les quedó suficiente autoestima para salir por la puerta.

Es triste que una mujer se permita ser destruida. Es aún peor ver a niños inocentes afectados por este tipo de situación. Los hijos adultos a menudo hablan de cómo su madre parece que no puede irse, no importa cuán malas sean las cosas porque nunca fue capaz de llegar al punto de saber que era suficiente.

La Palabra de Dios nos dice que somos suficientes. Somos de gran valor para Dios, maravillosamente creadas, profundamente amadas e hijas del Rey. Salmos 139: 13—16 (RVR) nos dice: "Porque tú formaste mis entrañas; tú me hiciste en el vientre de mi madre. Te alabaré; porque formidables, maravillosas son tus obras; estoy maravillado, y mi alma lo sabe muy bien. No fue encubierto de ti mi cuerpo, bien que en oculto fui formado, y entretejido en lo más profundo de la tierra. Mi embrión vieron tus ojos, y en tu libro estaban escritas todas aquellas cosas que fueron luego formadas, sin faltar una de ellas." En Cristo ya no tenemos que sentirnos indignas ni centrarnos en nuestras deficiencias humanas; en cambio, tenemos perdón y amor.

Si eres una mujer que no ha llegado al punto de saber que eres suficiente, quiero alentarte a que profundices en la Palabra de Dios y descubras lo importante que eres para tu Creador. Solo así podrás vivir tu vida de una manera que honre el valor que Dios te ha dado.

Reflexiones

1. ¿Crees que eres "suficiente"? Explica.

   _____

   _____

   _____

   _____

2. ¿Ha sido la autoestima un problema generacional en tu familia? Explica.

   _____

   _____

   _____

   _____

3. ¿Cómo ha impactado el perdón y el amor de Cristo cómo te sientes contigo mismo?

   _____

   _____

   _____

   _____

4. ¿Qué significa vivir tu vida de una manera que honre el valor que Dios te ha puesto?

   _____

   _____

   _____

   _____

Escribe Tus Pensamientos y Sentimientos

39

Tus Dones Especiales

Dios nos ha dado a cada uno de nosotros regalos únicos para compartir con los demás. Algunos de esos dones vienen en forma de talento natural, mientras que otros se perfeccionan a través del dolor, el sufrimiento o la pérdida. Me impresionó la película "Si Solo Pudiera Imaginar". Me pareció una hermosa historia de la redención y la gracia de Dios. Cuando una mujer le dijo al compositor cuánto le había tocado la vida sus letras, ella le preguntó cuánto tiempo le había llevado escribir "Si Solo Pudiera Imaginar ". Cuando él dijo que lo escribió en veinte minutos, ella le dijo que no le llevó veinte minutos, sino toda una vida. Ella dijo que no podía imaginar cuánto tuvo que pasar para darle ese regalo a ella.

A medida que se desarrollaba la historia de la vida de este hombre, era evidente que su regalo tenía un gran costo. Habiendo crecido con un padre alcohólico, sufrió abuso físico y emocional. Había llevado su ira y resentimiento en lo más profundo de su vida, hasta que la gracia y el perdón de Dios se abrieron paso. Años más tarde, su padre buscó su perdón y el de Dios, y tanto el padre como el hijo recibieron la gracia de dejar el pasado y seguir adelante en el amor.

Cada uno de nosotros tiene dones que Dios nos ha dado para compartir con los demás. Al igual que con el compositor, estos regalos son a menudo el resultado de la adversidad. Al recordar mi propia infancia, a menudo me he preguntado por qué mis circunstancias no eran ideales. "¿Por qué no podría haber sido hija de un pastor o haber crecido en una familia de cristianos devotos?" Sin embargo, ahora veo que los dones que Dios me confió para compartir con otros no se habrían desarrollado en una infancia idílica. No hubiera aportado la misma profundidad y comprensión a mi consejería y escritura sin experimentar dificultades.

Lo mismo es cierto para ti. Tengo amigos que han experimentado adversidades de formas diferentes a las mías. No puedo dar los regalos de ellos a otras personas, ¡pero ellos sí lo pueden hacer! Ya ves, siempre hay un propósito en el dolor. Romanos 8:28 (RVR) nos dice: "Y sabemos que a los que aman a Dios, todas las cosas les ayudan a bien, esto es, a los que conforme a su propósito son llamados." Con esto en mente, que podamos aprender a no amargarnos por las circunstancias difíciles que se presentan en todas nuestras vidas de una forma u otra, sino que permitamos que Dios use esas experiencias para hacernos una bendición para los demás.

Reflexiones

1. Enumera tus dones únicos dados por Dios.

_____

_____

_____

_____

2. ¿Cuáles de esos dones parecen ser naturales y cuáles fueron desarrollados a través de tus experiencias de vida?

_____

_____

_____

_____

3. Describe un don que admires en uno de tus amigos.

_____

_____

_____

_____

4. ¿De qué maneras estás compartiendo tus dones únicos con los demás?

_____

_____

_____

_____

Escribe Tus Pensamientos y Sentimientos

De modo que si alguno está en Cristo, nueva criatura es; las cosas viejas pasaron; he aquí todas son hechas nuevas.

—2 Corintios 5:17 (RVR)

40

Nuevos Comienzos

Se ha dicho que la vida cristiana es una vida de muchos comienzos nuevos. Este mensaje es una buena noticia para aquellos de nosotros que a veces hemos necesitado una medida extra de gracia. Nos tropezamos, nos levantamos, nos desempolvamos y seguimos adelante, con el perdón, la gracia y el poder del Espíritu Santo de Dios.

Hablamos mucho sobre la disfunción y los errores en el mundo de la terapia, pero a veces tenemos que enfrentar la realidad de que es pecado y el evangelio tiene un remedio para eso. Debido a la muerte y resurrección sacrificial de Cristo, el pecado ya no tiene poder sobre nosotros. "Porque el pecado no se enseñoreará de vosotros; pues no estáis bajo la ley, sino bajo la gracia. ¿Qué, pues? ¿Pecaremos, porque no estamos bajo la ley, sino bajo la gracia? En ninguna manera." Romanos 6: 14-15 (RVR). El versículo 22 continúa diciendo: "Mas ahora que habéis sido libertados del pecado y hechos siervos de Dios, tenéis por vuestro fruto la santificación, y como fin, la vida eterna."

Stephanie Murphy

Como cristianos, aceptamos cada nuevo comienzo como un precioso regalo de Dios. No lo damos por sentado ni usamos mal la gracia de Dios como una licencia para pecar. "Hijitos míos, estas cosas os escribo para que no pequéis; y si alguno hubiere pecado, abogado tenemos para con el Padre, a Jesucristo el justo. Y él es la propiciación por nuestros pecados; y no solamente por los nuestros, sino también por los de todo el mundo." 1 Juan 2: 1—2 (RVR).

Reflexiones

1. ¿Qué nuevos comienzos has experimentado en tu vida?

_____

_____

_____

_____

2. ¿Cómo te ha empoderado la gracia de Dios para seguir adelante después de cometer errores en la vida?

_____

_____

_____

_____

3. ¿Cómo defines disfunción, errores y pecado?

_____

_____

_____

_____

4. ¿Qué pasos puedes dar hoy para abrazar la gracia de Dios y cada nuevo comienzo en tu vida como un regalo precioso?

_____

_____

_____

_____

Stephanie Murphy

Escribe Tus Pensamientos y Sentimientos

_____

_____

_____

_____

_____

_____

_____

_____

_____

_____

_____

_____

_____

_____

_____

_____

_____

_____

_____

_____

_____

_____

Puedes Volar

Debido a la gracia de Dios, puedes elevarte por encima de las nubes de tormenta de la disfunción generacional. Así como el piloto de una aerolínea sabe superar el clima tumultuoso, también tenemos una brújula interna que nos motiva a hacerlo. Podemos elevarnos más alto. ¡Fuimos hechos para volar!

Si has estado viviendo a la sombra de problemas generacionales que controlan tu vida, dañan tus relaciones y te roban la alegría, ¡quiero animarte a que te liberes! Es hora de encontrar una altitud más alta.

Comienza con el cambio, ya no estar más estancados. Muchos de nosotros no cambiaremos hasta que sea más incómodo no cambiar que cambiar. Si seguimos haciendo lo mismo una y otra vez, obtendremos el mismo resultado. Si el piloto de la aerolínea se niega a elevarse a una altitud más alta durante la turbulencia, sus pasajeros sentirán la aspereza del viaje. Algunos pueden enfermarse físicamente, experimentar ansiedad o incluso lastimarse físicamente. La calma solo se puede lograr si el avión se eleva por encima de la tormenta.

Gracias al amor y la gracia de Dios, puedes elevarte por encima de la disfunción generacional y encontrar la integridad y sanidad través de Cristo.

Invitación

Porque de tal manera amó Dios al mundo,
que ha dado a su Hijo unigénito, para que
todo aquel que en él cree, no se pierda, mas
tenga vida eterna.

—Juan 3:16 (RVR)

A veces las personas no saben qué decirle a Dios para comenzar una relación con él. ¿Considerarías amablemente usar esta oración para ayudarte? Solo ora esto en tu mente y corazón a Dios ahora mismo.

Querido Dios, me doy cuenta de que soy un
pecador, y lamento mucho mis pecados. Por
favor perdóname. Ahora creo que Jesucristo es
tu Hijo y que dio su vida como sacrificio por
mí. Por favor ven a mi vida y sé mi Señor y
Salvador. Gracias por tu amor por mí. Amén.

Conclusión

Mi propósito al escribir este libro es dar aliento y esperanza a quienes luchan con la disfunción generacional. Como terapeuta, durante más de tres décadas, he visto de primera mano la devastación que resulta de patrones negativos de pensamiento y comportamiento no reconocidos y no abordados. Las familias están destrozadas, las relaciones están dañadas y la depresión y la ansiedad corren desenfrenadamente en nuestra sociedad. ¿Podría haber una mejor manera? Mi respuesta es, ¡sí! La Palabra de Dios nos ofrece la sabiduría y la dirección para superar nuestras disfunciones generacionales. El amor de Cristo, y la gracia y el poder del Espíritu Santo, nos dan los medios para hacerlo.

Como terapeuta, he observado que, cuando una persona comienza a ser más saludable emocionalmente, esa persona también llega a un lugar de renovación espiritual y de fe. A su vez, su fe le da el ímpetu para continuar su curación emocional y relacional. Se restablecen las relaciones, se curan las viejas heridas y se rompen las adicciones cuando las personas descubren que pueden superar la disfunción generacional.

Como terapeuta de sistemas familiares, siempre busco

patrones generacionales cuando trabajo con mis pacientes. El uso de un genograma ayuda tanto al terapeuta como al paciente a comprender mejor qué tan fuerte se vuelve un patrón particular de pensamiento o comportamiento a medida que se transmite de generación en generación. Esto pone las cosas en perspectiva para la persona que busca consejería para un problema en particular, como la depresión o la baja autoestima.

Muchas personas se dejan convertir en víctimas de sus disfunciones generacionales. Viven sus días repitiendo los errores de sus padres o abuelos, tomando el camino que les es más familiar. Construyen defensas del ego multifacéticas que les permiten continuar con su disfunción.

He descubierto que mi relación personal con Cristo es una parte integral de mi viaje de fe a través de la disfunción generacional. Mi Padre celestial ha sido fiel al volver a criarme en las áreas donde mis padres se quedaron cortos. El Espíritu Santo me guía, mientras continúo elevándome por encima de patrones autodestructivos. Que tú también encuentres a Dios como un buen Padre mientras confías en su amor y gracia. Que su palabra provea la luz que necesitas para iluminar tu camino mientras encuentras el coraje para elevarte más alto.

Acerca del Autor

Stephanie Murphy ofrece guía y ánimo para aquellos que luchan con los efectos de la disfunción generacional en sus vidas. Ella se basa no solo en sus tres décadas de experiencia como terapeuta matrimonial y familiar, sino también en sus experiencias personales. Stephanie también comparte la sabiduría de la Palabra de Dios y de su propia fe cristiana. Tiene una maestría en consejería y es licenciada en terapia matrimonial y familiar. Ella participa activamente con su esposo en su trabajo como misionero a los jóvenes en Europa y Costa Rica.

Stephanie también es autora de Strong and Courageous: Encouragement for Families Touched by Autism, WestBow Press, 2017 (Fuerte y Valiente: Ánimo para Familias Tocadas por el Autismo) y Faith, Hope, Courage, and New Beginnings, WestBow Press, 2017 (Fe, Esperanza, Valentía y Nuevos Comienzos)

Escribe un email a Stephanie a: stephanieannmurphy@icloud.com

Visita su blog: stephanieannmurphy.com

Visita su página web de autor:
stephaniemurphychristiancounseling.com

Printed in the United States
By Bookmasters